甲子園の名将が語る!

# なぜ大逆転は生まれるのか

# はじめに

昨年夏の甲子園のことだった。8月14日。大会8日目。第4試合では履正社（大阪）と横浜（神奈川）の優勝候補同士が激突するとあり、多くの高校野球ファンが球場へ足を運んでいた。しかし、高校野球の歴史に名を刻む戦いは、直前の第3試合、東邦（愛知）と八戸学院光星（青森）の対戦で起きた。

東邦は一時、2－9と7点差をつけられたが、7回に2点、8回に1点、9回に5点を奪い、10－9で逆転サヨナラ勝ちを収めた。夏の甲子園での最大得点差逆転勝利は8点差が過去に2度、7点差以上は6度目。9回の4点差逆転サヨナラは、史上最大タイの記録だった。

劇的な幕切れまでには、様々な見逃せないポイントがあった。9回裏、東邦の先頭打者が安打で出ると、球場の空気が一変した。アルプス席から応援の輪は広がり、気がつけば相手校の応援席以外、約8割の観客が逆転を期待する手拍子を始めた。押せ押せムードになるとタオルを回し始め、東邦はそれを力に変えた。森田泰弘監督の体には鳥肌が立った。勝利後は信じられない、と涙を流していた。

ベンチもあきらめてはいなかった。チームを引っ張ってきたエース・藤嶋健人（現中日）が劣勢の展開で凡退して下を向いていると、ベンチに入っていた女子マネージャーの記録員がそれを見逃さず「声、出せよ」とピシャリと言い放った。藤嶋は目を覚まし、それからナインに激励をし続けた。大逆転劇が起きるときには、必ず〝一体感〟と〝言葉のマジック〟が存在する。

早稲田実業（東京）も清宮幸太郎が入学して以降、信じられない逆転劇を何度も演じている。清宮が1年生だった2015年夏の西東京大会決勝・東海大菅生戦では、7回まで0－5。だが、そこから8回に8得点して8－6で逆転勝利。清宮は初の甲子園行きを決めた。2016年秋の都大会決勝。勝てばセンバツ切符を手中に収める大会で、日大三と戦った。同点の9回表、日大三に2点の勝ち越しを許すも、その裏に2点を返して同点。最後は野村大樹の右翼席への2ランが飛び出し、逆転サヨナラ勝ち。清宮は5打席5三振に倒れたが、声を枯らしながらベンチを盛り上げた。

そして、早稲田実業の神通力は甲子園でも輝きを見せた。清宮2度目の甲子園となった2017年のセンバツ1回戦の明徳義塾戦（高知）。1点差の9回2死一塁、打ち取ったはずの正面のゴロを相手投手が失策。その後、押し出し四球で同点に追いつき、延長10回に劇的な勝利。同年春の東京大会決勝も初回に4点を失う劣勢も、最終的には18－17というスコアで日大三に打ち勝っている。

何度も土壇場の逆転劇を演じてきた清宮は、劣勢になっても慌てない。これがうちの野球だから、と。一気にたたみかけるときはスローガンの「GO！GO！GO！」を叫び、チームをまとめた。円陣でも状況に応じて的確な指示を出し、ナインもそれに応える。魅力は打撃だけではない。清宮には強力なキャプテンシーも備わっている。

長い歴史の中で、高校野球、甲子園では数々の奇跡の逆転劇が生まれてきた。その背景には「逆転が生まれる理由」や、多くのドラマが隠されているはずだ。これが本書の生まれるきっかけとなった。

私の中でもっとも心に残っているのは、1998年夏の準決勝、横浜と明徳義塾の一戦。前日の準々決勝、PL学園（大阪）戦で延長17回、250球を投じたエース・松坂大輔（ソフトバンク）が先発できず、左翼でスタメン出場していたが、テーピングを外してマウンドに向かう姿。9回裏にサヨナラを告げる打球が、センター前に落ちたときの明徳義塾ナインがひざから崩れ落ちる様。高校野球ファンなら、それらのシーンが目に焼き付いている試合であろう。しかし、ドラマはそんな目に見える部分だけでなかった。名将・渡辺元智元横浜監督は、試合中これまで持ち合わせたことのない感情と戦っていたのだ。

今回本書では、高校野球界を代表する5人の名将に「なぜ大逆転が生まれるのか」について尋ねた。渡辺元智（元横浜監督）、髙嶋仁（智辯和歌山監督）、小枝守（元日大三・拓大紅陵監督）、和泉実（早稲田実業監督）、永田裕治（元報徳学園監督）が、それぞれの「大逆転劇」の舞台裏や秘話を紹介しながら、我々の疑問を解き明かしてくれた。その答えは、高校野球だけではなく、日々の生活のヒントにもなり得ることだろう。

石川遥輝

甲子園の名将が語る！

# なぜ大逆転は生まれるのか

目次

第1章

# 早稲田実業　和泉実監督

清宮幸太郎5連続三振、
しかし最終回劇的サヨナラ本塁打で選抜へ
2016年秋の東京都大会決勝

## 対日大三戦ほか

文／松橋孝治

第2章

## 横浜 渡辺元智 元監督

松坂大輔緊急登板、
8回裏6点差から奇跡の大逆転
1998年夏の甲子園準決勝

## 対明徳義塾戦ほか

文／石川遥輝

## 第3章

# 報徳学園　永田裕治 元監督

## 対中京大中京戦ほか

「逆転の報徳」の真骨頂、
最終回2死から堂林翔太を攻略し逆転
2009年春の選抜準々決勝

文／石川遥輝

第4章

## 拓大紅陵 小枝守 元監督

最終回に起死回生の逆転本塁打、
準決勝も勝ち上がり初の決勝戦進出
1992年夏の甲子園準々決勝

### 対池田戦ほか

文／石川遥輝

# 第5章

# 智辯和歌山　髙嶋仁監督



## 対帝京戦ほか

文／萩原晴一郎

特別章

# 智辯和歌山　吉本英治

吹奏楽部元顧問

智辯和歌山の名物応援曲『ジョックロック』はいかにして生まれ、いかにして「逆転の魔曲」へと育っていったのか

文／萩原晴一郎

第1章

# 早稲田実業 和泉実監督

清宮幸太郎5連続三振、

しかし最終回劇的サヨナラ本塁打で選抜へ

2016年秋の東京都大会決勝

## 対日大三戦 ほか

文／松橋孝治

## 和泉実

いずみ・みのる

1961年９月10日、東京都生まれ。調布リトルで野球を始め、早稲田実業学校入学。２年生の春夏、捕手として甲子園出場。早稲田大学教育学部入学後、硬式野球部所属。卒業後、山口県立南陽工業高校野球部監督就任（1984～1992年）。1992年、早稲田実業硬式野球部監督就任。甲子園には春夏通算８回出場し19勝７敗２分。06年夏は斎藤佑樹を擁して全国優勝。

## 「逆転の早実」と清宮幸太郎と和泉実

「逆転の早実」「早実がまたもやミラクルな逆転劇」というフレーズが、近年の高校野球では頻繁に見られるようになった。

その中心にいるのが、清宮幸太郎であるのは、確かなことだろう。2015年の西東京大会決勝で1年生の清宮が初めての甲子園出場を決めた試合は、7回まで0対5という圧倒的に不利な状況から一挙に8点を奪い大逆転勝利。それ以来、清宮に高校野球ファンの注目が集まるなか、早実は数々の強豪校を相手に逆転劇を繰り広げ、清宮が連発するホームランとともにスポーツメディアを賑わせてきた。

しかし、「なぜ早実は、こんな逆転劇を何度も実現できるのか?」という答えを見出そうとしたとき、清宮幸太郎がどんなに傑出した高校球児だとしても、彼一人でこれほどまでのミラクルを巻き起こせるかと言えば、けっしてそうではない。そこには、和泉実監督の存在を抜きにしては語ることのできない「逆転の早実」の理由がある。かつて早実の選手として甲子園に出場し、やがて監督として母校に帰って以来、26年間、その任にある和泉実の野球観と指導方法が、この逆転劇を生み出す土壌になっているといえるだろう。

「高校野球の一番面白いところは、われわれ大人が想像もつかないことをやってみせてくれることです。高校野球の監督は、そういう可能性を持っている子どもたちの邪魔をしちゃいけないといつも思っています」

和泉監督がベンチにいる早実というチームに、斎藤佑樹という球児が育ってドラマチックな優勝劇が起こったり、清宮幸太郎という球児が育ってミラクルな逆転劇が起きたりするのは、監督自身さえ想像していなかったことを高校生たちがやってみせてくれた結果だといってもいいだろう。

「もちろん指導者として10代の子どもたちに対する教育とか指導ということは必要だけど、それが行きすぎると押し付けになったり、チーム内の空気を息苦しいものにしてしまったりすることがある。それは子どもたちの成長や自立を妨げることにもなるし、選手が自分たちでチームを強くしていく機会を奪いかねないんですよ」

とりわけ、試合に入ってしまえば、「もう監督は、つべこべ言わずにベンチで見ているだけ」なのだ。早実の試合中、ネット裏からベンチの和泉監督の様子を見ていると、逆転のチャンスがやってきたときだけでなく、逆転されそうなピンチのときでも、うれしそうにニコニコしているときがある。「こいつら、いったいどうするんだろうな」と、この先の展開を楽しみに見守っているように映る。もっと言えば、観客や私たちよりも本気でワクワクしながら試合を見ているフシがある。

「だってさ。そういう勝負の行方を決めてしまうような大事な場面になったら、やるのは選手たちなんだから、監督がどうの采配がどうのじゃないんだよ、もう。僕らは、せいぜい励ましたり応援したりするだけなんだから。僕はダイヤモンドに一番近いところで試合を見ているファンみたいなもんです」

和泉監督の口癖は「主役は選手」。これは、きれいごとを言っているわけでもなければ、謙遜で言っているわけでもない。それは和泉監督をよく知っている人たちの共通認識でもある。

たとえば、斎藤佑樹の夏の甲子園決勝引き分け再試合の伏線ともいえる試合がある。2006年センバツ2回戦が引き分け再試合になったときのことだ。この関西との再試合は、最初の試合で9回表まで早実が7対4でリードしていながら2死満塁で斎藤が三塁打を浴びて同点に追いつかれ、その後、両者無得点のまま延長15回が終了し、再試合となった。このとき、9回表に同点に追いつかれてベンチに戻ってきた斎藤に和泉監督は、笑顔でこう言ったのだ。

「なんじゃこりゃ。おまえら、面白いじゃねえか」

甲子園のこういう場面でこんなセリフが出る監督なんて他にいるだろうか。いずれにせよ、それが和泉実という監督の本質であり、早実の度重なる逆転劇も、そういう和泉監督のキャラクターが生み出すベンチのムードと、日ごろからの選手と監督の関係性によるところが大きい。

## 「最後まであきらめるな」という言葉の落とし穴

ここに興味深いデータがある。近年の甲子園で「終盤のビハインドから逆転勝ちした勝率」をチームごとに割り出して比較したものだ。「7回までリードされている状態」から逆転勝ちした勝率を見ると、1位が大阪桐蔭で「5割」。つまり、大阪桐蔭は7回までリードされていても、2試合に1つはかならずひっくり返してしまうほど終盤に強いのだ。さて、それに続く2位が早実で「3割3分3厘」。次に「8回までリードされている状態」から逆転勝ちした勝率を見ると、1位が同率で大阪桐蔭と早実の・250。そして、これには改めて驚かされるのだが、「9回までリードされている状態」から逆転勝ちした勝率を見ると、1位が早実で・250。2位が大阪桐蔭で・167。実に早実は9回までリードされていても4試合に1つは、かならずひっくり返して勝っているのだ。これでは「逆転の早実」と言われるのも当然だ。ところが、和泉監督には、さほどそんな意識はないようだ。

「へえ。そんな数字があるんだ。まったく意識してなかった。でも、高校野球の逆転っていうのは、もし答えを見つけようとするならば、逆転した側に何か特別なものがあるというよりも、逆転された側のほうに答えがあるんじゃないのかな。さっきまで、あんなに試合を有利に運んでいたはずなのに、なぜ守り切れずに逆転されてしまったのか。少なくとも試合が終わってから冷静に考えてみたときに、その原因をよく理解しているのは逆転した側じゃなくて、された側のほうでしょ?」

確かに早実の逆転劇をはじめ、高校野球の逆転シーンをよく見直してみると、十分な点差をつけて終盤に入ったのに、相手が徐々に詰め寄ってくる気配を見せ始めたとたんに守っている側が焦り出し、バタバタして逆転を許すケースが多い。ずっと好投していたピッチャーが急に動揺してコントロールがおかしくなったり、再三の好守を見せていた選手がエラーしたり、精神的な不安がプレーに影響を及ぼしているのは明らかだ。

「プロや大学や社会人とは違って、高校生の場合はメンタル面がプレーに露骨に出ちゃう。極度にプレッシャーがかかるような場面の経験がまだ浅いから、初めて大逆転されそうな場面に立たされたりしたとき『平常心でプレーしよう』と言われたって、できない高校生のほうが普通じゃないかな。そういう局面になったら、どの監督だって『選手たちの動揺を抑えてやらなきゃいけない』というのは百も承知してる。でも、どんなにいいピッチャーでも、いままでそういう経験がないとしたら、『落ち着いてアウトを1つずつ取ろう』といくら言ったところで耳に入らない。初めてそういう場面に立たされた子が、もう何を言っても修正できなくなってしまったとしても無理はありません」

逆転劇の原因が、する側とされる側のどちらにあるかはともかく、和泉監督の野球観のひとつは「大逆転も起こり得るのが野球のいいところ」ということ。すなわち「野球というスポーツの本質は、９回ゲームセットまでプレーできること」である。たとえ圧倒的に不利な状況で、だれが見ても負けそうな試合でも９回が終わるまでは野球ができる。時間で打ち切られることなどない。だからこそ、万事休すとだれもが思ったところからでも逆転劇が起こり得る。昔から「勝負は下駄を履くまでわからない」という言葉があるのはそこだ。

「だから、そこでみんな、こう言うわけ。『最後まであきらめるな！』って。だけど、『最後まであきらめるな！』ってベンチでみんなが叫び合っていると、硬くなっちゃうんです。その言葉を連発すればするほど、実はみんな力が入りすぎて、もうベンチで泣き出しちゃったり絶叫したりする。でも、それだと、どんどん追い詰められていくんだよね。それは逆転につながらないと僕は思う。『あきらめない』というのは『あきらめるな！』と、みんなで叫ぶことじゃなくて、本当にあきらめない気持ちを一人ひとりが持っていること。大事なのは、あきらめないという空気がそこにあるかどうか。要は、あきらめない空気を作れているかどうかなんです。それができていれば、ことさら『あきらめるな！』と強調する必要なんてないと思いますね」

野球という競技は、たとえどんなに点差がついてもゲームセットの瞬間までプレーできる。だから絶対に途中であきらめない――。

このシンプルな野球の基本を頭や言葉だけでなく、心の底から理解し、体現し、どんな状況になろうとも、一瞬たりともそれを忘れない。選手たち自身が日ごろからそう信じて練習し、その思いを試合でも最後の最後までだれ一人として忘れないようにできれば、そこには「あきらめない」という空気が自ずと作られている。だからこそ、選手たちは力みなく、いつものように、みんなでつないで、みんなで盛り上がって、またもや大逆転することができる。このシンプルな信念が、和泉監督と早実の選手たちに浸透している。それが「逆転の早実」の根底にある。

「高校野球の試合会場って、スタンドで観ている人たちは、みんな監督さんのようなものです。みなさん高校野球の勝ち負けの機微や流れをよく知っています。出しちゃいけないフォアボールを出したり、しちゃいけないエラーをしたりすれば、観客席から『あ〜』とため息が出る。つまり球場全体が、そういう空気になるわけ。もちろんそういう流れや試合のポイントは選手たち自身もよくわかっているから、大事なところで流れを悪くするようなプレーが出ると、スタンドと同じようにベンチも『こりゃ、ヤバいな』という雰囲気になってしまう。でも、大事なのは、そこなんです」

このとき選手たちに「あ〜、もうダメかな」という空気が流れてしまえば、口ではどんなに「まだまだこれからだ！」と叫んでも、球場全体と一緒にベンチもズルズルと敗戦ムードに流されてしまう。

「そういうときには、ベンチの空気をスタンドの空気と真逆の雰囲気にできるかどうかが大事。スタンドが『あ〜、ダメか』という空気になっても、自分たちのベンチは『いやいや、これからだぞ』という雰囲気を作っていく。逆に勝っているときは『いやいや、まだまだ。どうなるかわからないぞ』という空気を出して引き締めていく。そういう雰囲気作りは監督もやるけれど、選手たちが自発的にやれるように普段から心がけているわけです。どんなときでも『最後まであきらめない』という空気を選手一人ひとりが作れていれば、わざわざ監督や選手のだれかが『あきらめるな』なんて言わなくても、はなからだれもあきらめてないわけだから」

# 奇跡の決勝大逆転の舞台裏

2015年夏、西東京大会決勝戦。東海大菅生と甲子園出場をかけた試合は、7回裏を終わって東海大菅生が5対0でリードしていた。8回表の早実の攻撃が始まる前、普段は一切、円陣に加わることのない和泉監督が珍しく選手たちと肩を組みながら言った。

「よし、この回だ！　かならず行ける！　とにかく、みんなでつないで行こう！」

早実は、この回、一挙8点をあげて大逆転の末、甲子園の出場を決めた。翌日の新聞は「和泉監督の行動に早実ナインが奮い立った。名将の檄に選手が見事に応えた」と讃えた。

「いやいや、そんな、たいそうなもんじゃないって。もうあの場面では、そんなことぐらいしかやりようがないでしょ。あの回は1番から始まる打順。点差を考えれば、つなぐしかないのは選手だってとっくにわかってる。客観的に見れば『もうダメカ』と思うような状況のなかで、それでもあきらめないで逆転しようとしているときに、狙い球はどうのとか向こうのピッチャーはどうのとか、そんな細かいことを言ってもしょうがない。選手をいかに気持ちよく乗せていくか。監督にできることは、もうそれぐらいしかないんですよ」

初めて円陣に入ったのは計算してのことだったのかと聞くと、「いやいや、咄嗟の行動。もし計画的にやってたら嘘っぽいでしょ。そんなわざとらしいのは、選手にすぐバレるよ」と笑った。しかし、あの行動が選手たちに勇気と勢いを与えたことはまちがいない。

「あれは夏の最後の大会だったから、ああいうことができたんだろうね」

あの試合は、3年生にすれば、ここで負けたら和泉監督との最後の野球になる。そう思ったときに、最後の最後に監督が自分たちと肩を組んで大きな声を出している。おそらく彼らは「2年半、この監督と付き合ってきて、こんなことをするのは初めて見た。よし、やってやろう」と燃えたに違いない。その思いが、あの回に爆発したのだ。

この西東京大会の5回戦、対日野高校の試合も最終盤までリードされ、最後に逆転して勝っている。

「あの試合は、うちのピッチャーが守備のミスで自滅して大量点を許してしまったんだけど、キャプテンの加藤を中心とした3年生が『しゃあない、しゃあない。俺たちが打って取り返してやるから』と口々に言ってて、だれもあきらめてないどころか心配すらしてないという空気だった。あのとき1年生だった清宮は、そういう3年生を見て育っているから、自分が3年生になってキャプテンになってからも『いくら取られても、かならず取り返してやるから』と普通に言えるんだろうね」

東海大菅生との劇的な決勝戦の後、和泉監督は優勝インタビューでこう言った。

「このチームは加藤のチームです。加藤が全員をまとめて、こういう試合ができるようなチームを自分たちで作ってくれました」

これもまた和泉監督らしい掛け値なしの本音であり、「選手の自立」「主役は選手」を最大のテーマに掲げる和泉早実野球の夏の集大成ともいえる試合だった。

そんなふうに終盤までリードを許していながら、ここぞというときに「さあ、ここから行くぞ」と監督がひと言、声をかけると、待ってましたとばかりに選手がその言葉に応えて逆転勝ちしてしまう。そういう試合が度々あるというのは、和泉監督は、やはり魔法の言葉でも持っているのだろうか。

「僕に限らず高校野球の監督を長年やっている人は『ここで流れが来そうだな』とか『ここで試合が動くぞ』というのが見えるときがある。そういうときに選手を乗せたり、その気にさせたりするための言葉というのは、やはりいくつかあるんだと思います。日ごろから選手を見ていれば、この子にはこういう場面でこういう言葉がいいというのは、わかるから。逆転勝ちしようとか大ピンチをしのがなきゃというときなら、少なくとも『絶対にあきらめないで食らいつけ』とか『この試練を自分で乗り越えてみろ』みたいなプレッシャーをかけるような言葉じゃなくて、気分を軽くしてリラックスさせる言葉をかけてあげますね」

２０１７年センバツの「１回戦屈指の好カード」と言われた対明徳義塾戦。この試合もまた、まさかの逆転勝利だった。

明徳は序盤から終盤まで「ザ・明徳」という試合運びを見せていた。初回の早実のチャンスを好守で防ぎ、その裏に先制点。けっして早実に主導権を渡さないまま堅守で着々と勝利に近づいていく。８回裏にはダメ押しと思えるホームランで４対２とリードして９回表の守備に入った。早実はタイムリーヒットで１点を返し１点差になったものの、2アウトランナー一塁で2番バッターがピッチャーゴロ。これで、明徳の馬淵監督が長年築いてきた「勝ち切る野球」が、この試合でも完結するはずだった。

ところが、ピッチャーは、この打球を捕り損ない、2アウト一・二塁。打席には3番清宮。「あの時点で、流れは早実に行ってしまった」と名将馬淵監督に言わせたほど大きなプレーだった。おそらくピッチャーには「次のバッターは清宮だ。その前に2番バッターを打ち取って試合を終わらせたい」という意識が強く働き、それがこのエラーにつながった

■第89回選抜高校野球大会　1回戦

（2017年3月24日　甲子園球場）

早稲田実　5－4　明徳義塾

| 高校名 | 1 | 2 | 3 | 4 | 5 | 6 | 7 | 8 | 9 | 10 | 計 |
|---|---|---|---|---|---|---|---|---|---|---|---|
| 早稲田実 | 0 | 1 | 0 | 0 | 0 | 0 | 1 | 0 | 2 | 1 | 5 |
| 明徳義塾 | 3 | 0 | 0 | 0 | 0 | 0 | 0 | 1 | 0 | 0 | 4 |

投手

早稲田実：池田→服部→石井

明徳義塾：北本

本塁打

明徳義塾：谷合

| | 打数 | 安打 | 打点 | 二塁打 | 三塁打 | 本塁打 | 三振 | 四死球 | 犠打 | 盗塁 | 残塁 | 失策 |
|---|---|---|---|---|---|---|---|---|---|---|---|---|
| 早稲田実 | 41 | 11 | 5 | | | | 3 | 5 | 0 | 0 | 11 | 0 |
| 明徳義塾 | 33 | 8 | 4 | | | | 2 | 8 | 3 | 0 | 10 | 1 |

のだろう。さらには3番清宮、4番野村に連続フォアボールで押し出しの追加点を与え、土壇場で同点に追いつかれた。強豪明徳義塾のエースにして「まだ高校生なんだから、メンタル面が露骨にプレーに表れてしまうのも無理はない」と和泉監督が常々言っていることの例外ではないのだ。

その和泉監督自身、「あの展開で、あそこから追いついて追い越した経験は、そんなにない」というこの試合は、百戦錬磨の馬淵監督が思わず試合後のインタビューで「早実には野球の神様がついている」と口にしたほどだった。すべてを計算しつくし、すべてを掌握して勝ち負けを決して甲子園で45勝をあげてきた馬淵監督が、「野球の神様」という言葉を持ち出すぐらいしか言いようがない試合が起こり得るところに、高校野球の面白さと奥深さがある。

そして、この逆転劇が始まるときにも、早実ベンチには和泉監督の「ここだぞ」という掛け声があった。8回裏にホームランで追加点を取られてベンチに帰ってきた選手たちに、こう言った。

「ホームラン、オッケー、オッケー。点が入ったから、試合が動くぞ。谷があったら山も来る！」

WASED
16
10

周りの人たちから見れば「このホームランで勝負あった」という展開になっても「いやいや、向こうに点が入ったから、ここから試合がまた動くぞ」と和泉監督は言い、選手たちもその言葉通りに逆転してみせた。

「いままで0が続いていたのに点が入ると急に試合が動き出すというのは、野球にはよくあること。経験則から野球はそういうものだと思っています。だから、あの場面でも僕は選手たちにそう言ったんだけど、それは、このセンバツ出場を決めた試合、秋の東京大会の日大三高戦で逆転勝ちしたときも同じ展開だった。選手たちもそれは感じていたようだったから、余計に『よし、きょうも行けるぞ』っていう雰囲気があった」

その日大三高との秋の東京大会決勝戦、4対4の同点で迎えた9回表、日大三高の主軸に2点タイムリー二塁打を打たれ、4対6と勝ち越されてベンチに帰ってきた選手たちに和泉監督は言った。

「点が入ったから、ゲームが動くよ」

6回、7回、8回と両チーム0点が続いていたのが、9回表に点を取られたことで、「ここから試合が動く」と言ったのだ。そして、9回裏の早実の攻撃。つないでつないで同点に追いつくと、最後は野村のサヨナラホームランで逆転勝ち。センバツの出場を決めた。

明徳戦で、「試合が動くぞ」という和泉監督の言葉を聞いたとき、選手たちは日大三高戦のことを思い出し、「そうだ。行けるぞ」という気になった。清宮が「点を取られて取り返すのはうちのペース。この試合は、うちのペースだと思った」と試合後にコメントしていた通り、周囲がどう見ていようが、早実のベンチのなかには、だれ一人逆転勝ちを信じていない者はいなかったのだ。

■秋季東京都高校野球大会　決勝
（2016年11月3日　神宮球場）

**早稲田実　8－6　日大三**

| 高校名 | 1 | 2 | 3 | 4 | 5 | 6 | 7 | 8 | 9 | 計 |
|---|---|---|---|---|---|---|---|---|---|---|
| 日大三 | 1 | 0 | 0 | 0 | 3 | 0 | 0 | 0 | 2 | 6 |
| 早稲田実 | 0 | 1 | 0 | 3 | 0 | 0 | 0 | 0 | 4x | 8 |

**投手**

日大三：桜井
早稲田実：中川→赤嶺→石井

**本塁打**

日大三：金成
早稲田実：野村

| | 打数 | 安打 | 打点 | 二塁打 | 三塁打 | 本塁打 | 三振 | 四死球 | 犠打 | 盗塁 | 残塁 | 失策 |
|---|---|---|---|---|---|---|---|---|---|---|---|---|
| 日大三 | 34 | 10 | 6 | | | | 3 | 6 | 2 | 0 | 9 | 0 |
| 早稲田実 | 34 | 10 | 7 | | | | 14 | 3 | 3 | 1 | 7 | 0 |

## 失敗しても胸を張っていられるチームを作る

それにしても、周りから見れば、ダメ押しホームランを打たれたのは明らかだし、土壇場で勝ち越されてしまったのはどう見ても痛いはずだ。それなのに「オッケー、オッケー！」と笑顔で言えるものなのだろうか。

「だってもう、そういう言葉をかけて安心させたり励ましたりするしかないじゃない。他に何ができる？　よく『あの最後の場面では監督にこれこれこう言われてその通りに打てました』とかっていう話を耳にしたりするけど、そんなことができるなんて、その監督も選手もすごいなあと思うよ」

それにしても、「オッケー、大丈夫、行ける、行ける、行ける！」と言われて素直に「そうだ、そうだ！　行ける、行ける！」と信じて逆転できるものなのだろうか。

「そりゃあ、リードされているときにバカのひとつ覚えみたいに『ここで試合が動くぞ』ばっかり言ってて、サッパリ動かなかったなんていうのが続いたりしたら、その言葉には説得力もなければ選手の気持ちを動かす力もないと思う。だから、いつも『ここぞ』というタイミングを見極めようとはしているし、そういうときのための言葉を持っておこうとは思っています。それで実際に試合が動き出したら『お、監督が言った通りになってきたぞ』ということになって、監督の言葉にそれなりの意味が出てくるんだと思う。ただし、それはどの時期のどういう大会かということにもよるし、練習試合と公式戦ではぜんぜん違うし、春と夏と秋でもまったく違う。それも常に意識してます」

ただし、秋の日大三高戦では、いつも通りの「だれ一人最後まであきらめていない」ということだけではない特別な要素があった。この試合、清宮は5打席連続三振。いままで「みんなでつなごう」「清宮まで回そう」という試合はいくらでもあったが、ここまで主砲がまったく機能しないで大ブレーキになるという試合が、この大一番で起こり得るとは、さすがに予想できることではなかった。

「甲子園を決めるような大事な試合で、さあこれから追い上げるぞというチャンスで、走塁ミスでアウトになったり、大事なバントを失敗したりしても、うちの選手は下を向いて帰ってくるようなことってないんです。だって、まだゲームは続いてるんだもん。そのミスでゲームセットっていうのならションボリしたりするのはあるけれど、ゲームセットまではだれもあきらめてないんだから落ち込んでる場合じゃないし、そんな空気はだれも出さない。あの試合の清宮も、打席でもベンチに帰ってきても前を向いて元気を出して声を出していた。最後まで戦う姿勢を崩さず、みんなを鼓舞してプレーしていた。試合中に個人の成績で、めげてるなんてありえないというのを彼はよく理解しているから」

しかし、キャプテンで、ポイントゲッターで、大黒柱である自分が、こんな大事な一戦で5三振もしてチームの足を引っ張り続けていたら、いくら「下を向くな」と言われても、そうそうできるものではない。自分の不振がチームに迷惑をかけていると思えば、キャプテンを任されるような責任感の強い選手であればあるほど、胸を張って戦い続けることは難しいはずだ。

「そう。頭ではわかっていても、それができる子は、なかなかいないと思います。普通なら、めげちゃう。でも清宮は胸を張っていた。これはチームにとっては大きいよね。もし清宮が下を向いていたら、他の選手たちはどうしたってそれが気になっちゃう。ところが、清宮はネクストサークルにいるときなんかも大声でバッターを応援してる。みんなが清宮の三振なんか気にしないでプレーできるような態度を清宮は示してるわけ。そうなると、こっちも『きょうはキャプテンが苦しんでるから、そのぶんそれ以外の選手たちががんばれ』というようなことも言えるし、清宮のほうにも『そういうわけだから、みんな、頼むな』みたいな雰囲気もあったし。かりに清宮がヘコんでしまって、周りが『きょうは清宮抜きでやろうぜ』という雰囲気になってしまったら、それはまた違う。戦いの場に一人だけ後ろ向きなヤツがいたら、それこそチームの足を引っ張ってしまう。しかも、それが大黒柱の選手だったらなおさらでしょ」

こうしてみると、5打席連続三振という大不振の清宮が、実は「だれ一人最後まであきらめない」で逆転劇を生み出すための大事な役割を果たしていたことになる。いったい、どんな指導をすれば、どんな厳しい場面に立たされても、選手たち自身がこういう言動をするようになるのだろう。どんな教育をすれば、どんなに追い詰められても、最後にひっくり返すエネルギーを選手たち自身が身につけられるのだろう。

「それは、選手が入学してきてから2年半、そういう精神構造を選手自身が身につけられるように、こちらも彼らと接しているからです。ひと言でいえば、主体性を子どもたちに持たせる。『監督に言われたからこうする』というのではなく『自分がこうするべきだと思うからこうする』という基本姿勢を身につけられるように最初から仕向ける。監督が『ゲームセットまであきらめるな』と言うからあきらめないんじゃなくて、選手自身が心底『野球はゲームセットまで全力でプレーするもの』と理解して日々、野球に取り組んでいれば、どんなときでもそれを実践できるし、いざというときでもそれができるはずです」

しかし、「主体性」とか「自主性」と口で言うのは簡単だが、「監督と選手」「大人と子ども」という関係性のなかにおいては、「自分で考えて、自分でやりなさい」というのは、なかなかうまくいかないこともあるのではないか。

「それは、やらせてみなければわからないでしょ？　現に子どもたちはできているわけです。たとえば、春の東京大会の準決勝のとき、またうちのピッチャーが初回から崩れて国士舘にいきなり5点取られちゃった。そのとき、清宮たちは『オッケー、オッケー。大丈夫、すぐ取り返すから』と笑顔で言っているし、ピッチャーもぜんぜん下なんか向いてないわけ。僕なんか何も言う必要がないし、ましてやピッチャーに何かネガティブなことを言う気なんて、さらさらない。黙って見ていれば、彼ら自身が試合を作っていくだろうなと思ってるから」

野球の世界には、監督が選手を怒ったり説教したりという教育方法が存在する。

「でも、それをやってしまったら選手の精神構造は、そういう関係性のなかで自分を処することしかできないようになる」と和泉監督は言う。

「早い話が、春の国士舘戦で初回5点取られたときのようなケース。ピッチャーが、また悪い癖が出て5点も取られてベンチに帰ってきたときに監督がガンガン説教したりしたら、その子はもう下を向いて反省するしかないでしょ。日ごろからそういう精神構造を作らせてしまっていたら、もしそこで『まだ取り返すチャンスはあるから前を向いてがんばれ』と言ったとしても、その子は心底、そう思えるのかな？やっぱり普段から、どんな精神構造を持っているか。それが大事なときに出るんじゃないかと思います」

指導者として、いつどこでどんな言葉をかけるか。それは高校野球にかぎらず、どの世界でも大切なことだ。しかし、指導者経験が長い人で、なおかつ実績があって自信もある人であれば、つい自分の正論をもとに若輩の者を頭ごなしに叱ってしまうことがある。なぜ和泉監督は、それをせずにいられるのか。

「いや、僕も大学を出てすぐに南陽工業の監督になった頃は、自分の正論を教え込むような指導をしていた面もあります。でもあるとき、そんなにすごい選手ではないけれど、なぜかいつもいいところに守備位置をとっていて、完全なヒット性の打球を何度も何度も捕ってしまう内野手がいたんです。なぜそういうことができるのかと聞いたら、小学生の頃からバッターの構えを見てどこに飛んでくるかを予測するのが得意で、ずっと自分なりに研究したりして、そうできるようになったという。子どもってすごいなあというのを僕は彼から教わった。他の選手たちにしても、試合中、監督がぜんぜん気づいていなくても、自分で相手のスキを見抜いて自分の判断で塁を奪ってみせたりできる。そんな経験を重ねていくと、監督の考えを押し付けるより、子どもたちが自分で考えてプレーできる環境を作ってあげることのほうが大切だと思うようになっていったんです」

かといって、選手が入部してから最後の大会まで、ずっと和泉監督が何も言わずに穏やかに見守っているのかと言えば、もちろんそうではない。

「そりゃあ理解するべきことを最初に指導しているからこそ、言われなくてもできるような選手になっていくわけで、3年生の夏にはこっちが何も言わなくてもいい選手になるためには下級生のときだったり、春の大会だったり、練習試合だったりにはベンチでも『ここが大事なんだ』『ここは絶対に抑えなきゃいけないイニングなんだぞ』ということをときには厳しく教えていかなければいけない。つまり要所では理解させておくべきことを伝え、理解できていると見たら、あとは基本的に本人たちに任せるというスタンスです」

初回に5点を奪われた春季東京大会準決勝、国士舘戦。この試合も6回まで2対8とリードされながら最後に逆転勝ち。そして、ここでも和泉監督のひと言から逆転劇が始まっている。6点差で迎えた6回裏の早実の攻撃の前にベンチで和泉監督は、こう言った。

「いまの守りで、ノーアウト満塁を0点に抑えて帰ってきたんだから、この攻撃で流れはかならずこっちに来るよ」

実際にその攻撃で3ランホームランが飛び出し、3点差に詰め寄ると、8回裏には逆転満塁ホームランを含む一挙10点を奪って16対8、「サヨナラコールド」で締めくくった。

「この試合もそうだけど、偶然に流れがやってくるわけではない。守備でピンチをしのいだら攻撃でチャンスが回ってくるというように、かならず試合が動くポイントがあるということをいちいち僕が言わなくても、選手たち自身が理解できている。とくにキャプテンの清宮がそういうことをみんなに言ったり、試合後のコメントでそういうふうに言っていたりするけど、それもやっぱり選手たちに主体性を持たせるということを選手も監督もずっと意識してやってきたからだと思います」

確かに清宮の試合後のコメントは、離れ離れで同時にインタビューを受けている和泉監督とまったく同じことを言っている場合がよくある。いま日本で、もっともコメントが多くメディアで披露される高校生だからその数自体が多いということもあるだろうが、和泉監督と清宮のコメントのかぶり具合を見ていると、選手の主体性と自立を標榜する和泉監督の根源的な理想を、選手たちがすでに先取りしてしまっているのではないかとさえ思えてくる。

「あはは。だからもう俺はインタビューを受けなくてもいいよね。だって選手たちに聞いてもらえば、もう俺が言いそうなことは全部しゃべってくれるんだから」

春季準決勝、国士舘戦に続く決勝戦は日大三高との派手な打ち合いの末、お互いに逆転を繰り返し、延長12回、18対17で早実がサヨナラ勝ちを収めた。異例のナイターとなった神宮球場の夜空に、清宮のホームラン2連発をはじめ両軍の長打が舞い飛び、「壮絶な打ち合い」と報じられた。だが、和泉監督も清宮も試合後、異口同音に「要所の守りのリズムが攻撃につながった」と言った。

「点を取っても取っても、取られて取られて、思わず笑っちゃうような感じでしたけど。切羽詰まった感じはなくて。いくら取られても取り返せると思っていました」

決勝の舞台で味方の投手陣が17点も取られてしまう展開を「思わず笑っちゃう」と言える清宮のセンスは、このあと和泉監督が顔見知りのスポーツメーカーの営業マンに「監督、何か注文はありませんか?」と聞かれて「ピッチャー!」と即答したユーモアのセンスと通じている。

## 高校野球に逆転劇が増えた本当の理由

かねてから和泉監督の理想の野球は「ノーサイン野球」である。「俺が何もしなくても、選手たちが自分たちで作戦を決めて実行して、勝つ。俺はベンチで見物しているだけでいい。そういうチームを作りたいよね」と、かってはよく言っていたが、すでに何年も前から実際に選手たちがアイコンタクトでサインプレーを実行するなどということは、さして珍しくない。とすれば、「逆転の早実」における「ここで試合が動くぞ」という和泉監督のひと言も、もはや選手たち自身が発し、選手たち自身でどんどん逆転劇を繰り広げていけるということなのだろうか。

「冗談じゃなくて、俺なんかいなくてもいいというのが理想だよね。だから主体性だ自主性だって言ってるのは、野球の本質や基本をいちいち監督に言われなくてもいいように選手自身に理解させるためには、選手たちに主体性があるほうがいいんです。だれかに何かを言われなくても動けて、自分で高度な判断ができるような精神構造を身につけられるから」

和泉監督は、半ば本気で「極端に言えば、主導権は監督じゃなくて選手にあげちゃうほうがいい」とまで言っていたことがある。

「だって、そのほうが選手は大変でもあるだろうけど、絶対に楽しいでしょ。自分たちでがんばって、自分たちで強いチームを作って、それこそ大逆転もミラクルも自分たちで巻き起こしたら、こんなに面白いことはないでしょ。高校野球の監督って、なんでこんなにみんながやりたがるかというと、面白いからです。プロや大学や社会人は別だけど、高校野球の監督は全部、自分の思い通りに選手を動かせるでしょ。選手は甲子園に出たり優勝したりするために監督の言うことをよく聞いて、よく練習して、試合に出ていい結果を出したいから一生懸命にがんばる。でも、実は監督に主導権があって、チーム作りも試合運びも作戦も野球の面白いところを全部、監督が独占してるという図式もあるわけです。その面白いところを選手にどんどん返上して、自立したチームができて、それで優勝できたら最高ですよね」

最近、高校野球全体に大逆転劇が目立つようになった要因の一つとして、和泉監督は「打撃力の向上も関係あるのではないか」と指摘した。

「各学校とも打力が上がっているから、ただ単純にヒットをつなげていくということが昔に比べてずいぶんできるようになっていると思いますね。だからピッチャーのほうが大変なんです。おまけにいまの高校生は、すぐに変化球の種類をいくつも覚えちゃうから、ひと通り落ちる球も曲がる球も投げられる。それで、終盤の大事な場面でチェンジアップが甘くなったとか、スプリットが落ちなかったとかって、ガツンとやられてしまう。実は9回2アウト満塁で1点もやれないというようなときは、渾身のストレートをズバッと投げ切ることができればポップフライに打ち取れるケースも多いのに、そこで変化球に頼って甘くなるというパターンがうちも含めて多いんです」

高校野球の場合、終盤に試合が大きく動くというのは、多分に投手力の問題がある。7回まではピシャリと抑えていたのに体力が持たなくて8回に打ち込まれる。あるいは、投手交代をせざるを得ないときに後ろのピッチャーになればなるほど、どうしても弱くなる。それが原因で、最終回に大量点を取られて逆転負けというケースも多い。

「後ろのピッチャーにいいカードがあれば別だけど、高校野球はだんだんカードがなくなって、最後は剥き出しになってくる。一人のピッチャーであれ、複数のピッチャーであれ、そうやって最後には収まりがつかなくなって逆転負けということが多いんです」

いいピッチャーを育てるのは、どの学校にとっても最大の課題である。当然、早実も毎年、その課題に取り組んでいる。２００６年には斎藤佑樹が大エースに成長したからこそ全国優勝を果たすことができた。

「群馬の中学の軟式野球の普通のピッチャーが、最後にはあそこまでの大エースになれる。これは僕の最高の教科書です。斎藤の一番の武器は『俺が絶対に抑えてやる』という強い気持ち。大阪桐蔭の4番中田を3三振とレフトフライに完ぺきに抑えた後に『2年生に打たれるわけがありませんから』と完全に上から目線で言える強気。そして、高校生は最後の夏、とくに甲子園に入ってからは、こんなに劇的に成長できるものなんだというのを教えてくれたのも斎藤です」

## 和泉監督の逆転劇の原点

近年の高校生気質の変化も、逆転劇の多発と関係があるのではないかと和泉監督は考えている。

「うちも含めて最近の子たちは、面白いもので勝っているときは緊張して、逆に負けているときのほうが元気よかったりするんですよね。2点リードして終盤に来ると、急に不安になったり、守りの意識が強くなりすぎたり。これも打力の向上とも関連があるんだろうけど、昔は2点リードして最終回になったら『よっぽどヘマしなきゃ、このまま終わるだろう』みたいな感じがあったけど、いまは『打たれるんじゃないか』という不安のほうが強いような気もするんですよ」

そういう気質と同じ根っこにあると感じているのが「自分のスイングをしよう」といういまどきの球児たちの標語だ。たとえば、リードされていて最終回に打席に入ったバッターに「思いっきり自分のスイングをしてこい！」とベンチの仲間たちから声援が飛ぶ。

「ボールでもなんでもいいから、最後は思い切りフルスイングをすればいいというような風潮が全体的にあります。ワンバウンドでも思い切り振っていって、みんな『オッケー！　ナイススイング』とかって。でも、それは違うでしょ。負けても自分のスイングをすればいいというのは、それは勝負じゃない。やっぱりボール球は見送って、塁に出たり、とにかくつないでいこうとするべきときに、気持ちよくフルスイングをして『俺はやり切った』という顔をしてベンチに帰っていくのを見かけたりすると、あれはどういうことなのかと考えてしまうんですよ」

もしかすると、勝っているときはボール球に手を出さないように我慢しなければいけないと思っているけれど、負けているときはそういう我慢はもうしなくてもいいから、気持ちよく振って帰ってくるということなのだろうか。つまり、最近の球児は我慢をするのが苦手なのか。

「いまのところ、うちの選手は、最後の最後まで、そういう場面では選球眼を大切にしたり、つないでいこうと我慢したりしているけれど、逆にピッチャーは最後まで我慢することができていない。ということは、最近の逆転劇は一見、粘り強く我慢して打ち返してひっくり返しているように見えるけれど、実は全体的にピッチャーが粘り強く我慢するというのが苦手になっているせいで、そういう現象が起こっているのかもしれない。ピッチャーが後半になればなるほど不安になって我慢しきれない。粘り強いから逆転できるんじゃなくて、粘り強くないから逆転される。むしろ、そういうことなのかと思うことも最近ありますね」

ここで、いきなり時計の針を40年前に戻す。1978年夏、東東京大会決勝戦、早実対帝京。この試合、早実は7回まで4対10と大きくリードされているところから大逆転劇を繰り広げ、13対10で勝利、甲子園出場を決めている。そして、この試合で「9番・キャッチャー・和泉」として出場していたのが、当時、高校2年生だった和泉実その人である。

とても面白いことに、東京の高校野球の歴史において、決勝戦で7回以降5点差をひっくり返して甲子園出場を決めたというのは、この試合と2015年夏の早実対東海大菅生の試合の2つぐらいのものだ。つまり、和泉実は選手として監督として、その2つに出場した唯一の人間なのだ。

「この夏は、大会が始まる直前にキャプテンでエースでクリーンナップを打っていた大黒柱の山岡さんにアクシデントがあったんです。足のケガから破傷風菌が入って高熱でダウンしてしまった。それをメンバー外の3年生が一生懸命に看病したり、1年生の選手が大活躍したり、それを上級生がサポートしたりっていうふうに、山岡さんのケガをきっかけにこの二週間ぐらいでチームが一丸となった。大会中に何とか山岡さんが復帰して決勝まで進んだんだけど、もともとセンバツにも出るほどのチーム力はあったとはいえ、もし大黒柱のアクシデントがなかったら、あれほどの試合ができるチームになっていたかどうかわからない」

アクシデントをきっかけにチームが一つにまとまって甲子園出場を決めたという

のは、「和泉監督」になってからもあった。１９９６年、和泉監督が初めて母校を甲子園に導いたときの東東京大会のことだった。

「チームのエースで3番バッターの大黒柱が、１回戦で盗塁をしたときに右手を突いてケガしちゃった。次の日、右腕を三角巾で吊るしてきて『手首が曲がりません』って。しょうがないから打線を組み替えたり、２番手以下のピッチャーでやりくりしたりしたんだけど、このときもチームが見違えるほど一つにまとまった。控え選手も一体となって、全員ですごい力を発揮して14年ぶりに甲子園に行けたんです。だから、アクシデントというのは悪いことばかりじゃないの。高校生の気持ちというのは、そういうことでガラッと変わることがあるわけです」

言ってみれば、あの２０１６年秋の日大三高との試合、大黒柱の5連続三振というのは、これもまたチームにとってアクシデントのようなものではなかったか。

「そう。あのときも、そういうアクシデントがあって、チームが一丸となって逆転することができたと思います」

こうしてみると、いわゆる早実の伝統の力というのは、脈々と受け継がれてきたことのなかには、アクシデントをバネにする力だったり、ビハインドを跳ね返す力だったりということもしっかり含まれているのかもしれない。

「夏の甲子園は今年が99回目の大会だけれど、早実は第1回大会から出場しているから、その間、東京予選でいえば、99回分のそういうアクシデントや逆転劇やいろんな物語や諸先輩方の思いがあるわけです。1978年の僕らの東東京の決勝戦のときは、第1回大会に出場したOBの方々が試合を観に来られていました。その方々にあの試合を観ていただいたのは僕らにとって、とてもうれしいことだったし、大先輩の応援は本当にありがたいことでした」

早実の応援席は、いつでも熱気にあふれている。在校生はもちろんOBやその家族、そして早実ファンの熱い応援が選手に力を与え、早実の大きな戦力になっている。それが「逆転の早実」を後押しする力にもなっているのだ。

「それは、いつもありがたいことだと思っています。早実の場合、一人の子が野球部に入ると、その親御さん、おじいさんおばあさん、親戚や友だちが応援に駆けつけてくれて、その子が卒業してからも、その応援グループは毎年、応援に来てくれて、どんどん数が増えていくというところがあるんです。だからOB以外の応援の方々もたくさんいて、大きな声援を送ってくれる。それがどれほど選手に力を与えているか、はかり知れませんよ」

甲子園でも早実のアルプススタンドは、ひときわ熱い。そして、一般の観客も早実に声援を送るファンが多く、それもまた早実の力のひとつになっているといえるだろう。

「2006年の決勝のときも、それを強く感じました。最初の試合はスタンドの3分の1が早実を応援し、3分の1が駒大苫小牧を応援し、残り3分の1が中立で決勝戦を観戦している感じだった。それが再試合になったら、中立だった3分の1の人たちの多くが早実の応援をしてくれているのを感じました。それが選手たちの力になったことは確かだと思います」

こういうスタンドの応援は、和泉監督や早実の選手たちが意図して作り出した戦力ではない。しかし、高校野球ファンが応援したくなるようなチームを100年かけて形成してきた早稲田実業という学校や先輩たちの思いが、無形の力となって表れているのだろう。そして、この夏も、早実の応援席には、コンバットマーチと『紺碧の空』が鳴り響くのだ。

第2章

# 横浜 渡辺元智 元監督

松坂大輔緊急登板、

8回裏6点差から奇跡の大逆転

1998年夏の甲子園準決勝

## 対明徳義塾戦 ほか

文／石川遥輝

## 渡辺元智

わたなべ・もとのり

1944年11月3日、神奈川県生まれ。横浜高校出身の外野手。神奈川大を2年で中退。65年に横浜のコーチとなり、68年から監督。73年選抜で初出場初優勝。80年に愛甲猛を擁して夏初優勝。98年には松坂大輔を擁し春夏連覇。70年代から00年代にかけて春3度、夏2度とすべての年代で全国制覇を遂げ、歴代3位タイの甲子園通算51勝。2015年夏を最後に勇退した。

## 最高のメンバーで去ろう
## 甲子園で初めて浮かんだ「発想」

春夏を通じ、3度の全国制覇。春15度、夏12度の甲子園出場。歴代3位タイの通算51勝を誇る渡辺元智・横浜高校元監督。そんな名将が後にも先にも、こんな感情になったことはなかった。

1998年、夏の甲子園、準決勝・明徳義塾戦（高知）。6点差をひっくり返した高校野球史に残る一戦だ。

「長い甲子園の思い出の中で初めて頭の中に浮かびました。負けていい、という発想の転換は今までなかったです。負けていい試合なんてひとつもない。でもあの8回は無理だと思ってしまいました」

エース・松坂大輔（ソフトバンク）は、前日の準々決勝・PL学園（南大阪）戦で延長17回、一人で250球を投げ抜いた。疲労から連投は不可能だった。左腕・袴塚健次とリリーフした右腕・斎藤弘樹の二人の2年生が明徳義塾打線に挑むも8

回表まで失点を重ね、6点のビハインド。好投手左腕・寺本四郎の前に自慢の強力打線は3安打無得点に封じられていた。百戦錬磨の渡辺でさえ、スコアボードが示す得点差、14安打の明徳打線とのヒット数の差に、勝機はないと悟ってしまった。

「そうであれば、最高のメンバーで甲子園を去ろう、と自分に言い聞かせました。選手たちには楽しんでこい、と円陣で言いました。もちろん、『負けていい』とか『帰ろう』とかは言っていません」

もし、ここで「最高のメンバーで」という考えが出てこなかったら、この試合の大逆転も、横浜の春夏連覇、松坂の決勝戦ノーヒットノーランもこの世に生まれていない。渡辺の中で疲労の松坂の将来を懸念し、登板させずに甲子園を去る選択肢は少なからずあった。ただ「最高のメンバー」の中心人物を出さずして、夏を終えることはできなかった。

「松坂、1イニング放れるか？」

8回裏。4点差に迫る中前適時打を放った松坂は、代打・常盤の一ゴロで二塁封殺。ベンチへ戻ったところで、渡辺はエースに意思を確認。三塁側ブルペンへ準備を促した。その直後、2死一、三塁、寺本から代わったばかりの明徳義塾2番手右腕・高橋一正の暴投で3－6。2死二塁から代打・柴武志の左前安打で差は2点と縮まった。渡辺が回想する。

「（松坂のブルペン投球が）始まると『ブァーッ』という大歓声が聞こえた。おっ、何だろう、と。ランナーが出たのか、と思うくらいです。私自身が驚きを感じました。ベンチで立っていて、声の圧力で体が動くんですよ」

松坂の投球練習は「逆転」を期待する観衆を味方につけた。体にも伝わってきた振動が勝負師・渡辺元智の心を揺さぶった。そして、もう一度、火をつけた。指揮官のハートの炎の着火と同時に、エースは右腕にグルグル巻きにしていたテーピングを力を入れて、はがしとった。気合十分の表情で。逆転するためには「投手・松坂大輔」というピースは不可欠だった。ナイン、そしてスタンドのチームメートの視線と願いが一斉に背番号1へと注がれた。

「選手たちはベストメンバーの中でやる気が起きるものです。手前みそになるかもしれませんが、私が病欠で指揮を執れなくなれば、選手に不安も出てくる。そこ（マウンド）に松坂が立っていないというのは異様な雰囲気ですよ。松坂がいないんだ、勝てないんだ。そんな雰囲気だったのが一変しましたね」

障害予防の観点、将来性の高い松坂のことを考えれば、これ以上投げさせたらどうなるか、選手生命に関わるのではないか。そんな懸念はもちろんあった。前日のPL学園戦の17回の死闘では投手としてだけでなく、野手としても何度も出塁していた。そのたびに両手をひざにつけ、肩で呼吸をしていた。その姿が目に焼き付き離れなかった。これ以上やらせるのは無理と判断し、先発だけでなく、準決勝の登板を見送る考えもあった。

「投げられないものを投げろというのは、つらいことです。投げるということはまさに心技一体。心が充実していないといけないし、やる気が起きてくれば、体がついてこられるということもあります」

教え子のみなぎる闘志も無駄にはできない。敗色濃厚ムードから一転、悔いなく終わるために出そうとしたラストピースが流れを引き寄せた。9回表、松坂をマウンドに送り出したとき、渡辺の脳裏から「負け」の二文字は消えていた。ただ、ここから渡辺は勝利へのタクトを振ったという実感は手に残っていない。

「監督の采配の妙、だとかそんなものはないです。選手個々の力がそうさせた。流れに乗ったというか、選手たちが作った勢いです。選手たちに『負けてもいい』なんて一言も言っていないので、彼らはもうイケイケです。球場の雰囲気も180度、変わりました。あとは相手の投手が寺本君から（8回に）高橋君に代わったでしょう。その継投も私にとって大きかったですね。高橋君はハートが弱い投手だという情報は入っていましたから」

2点差に迫った9回。ここから逆転までの攻撃は、完全に選手主導だった。これまで渡辺、そして名参謀・小倉清一郎部長（当時）とともに鍛え上げ、注入してきた教えを、選手たちが体現したのだった。

松坂が9回を無失点にしのぎ、その裏の攻撃へ勢いを加速させた。横浜は先頭の9番・佐藤勉が右前安打で出塁。そして1番・加藤重之がセーフティーバントを三塁前に決め、一塁へヘッドスライディング。何度も何度も拳を握り、士気を高めた。この絶妙なバントヒットは、ノーサイン。スイッチヒッターである加藤は投手が右でも右打席に入ることがあるが、このときは左打席に入り貴重な一打を決めた。加藤の独断だった。

「我々は練習でチームプレーを叩き込みます。試合になれば、ああだ、こうだと細かいことは指示しません。過去のチームで狙いをひとつずつ説明したことはありましたけど、このチームは練習でやっていたことをグラウンドで生かすことを知っていました。飛び抜けた選手というか実際にすごかったのは松坂くらい。他はそういないと思っていますが、あの代は局面局面で非常に冷静に、状況を判断する能力を持っていました」

技術だけでなく、個々の考えるレベルも夏の頂に近づくにつれて、次第に高まっていった。甲子園、それも2点ビハインドの9回。土壇場で冷静に実力を発揮することができたのも日々の訓練、考え方の備えがあったからだった。横浜の野球を徹底的に教え込み、鍛え上げた「最高傑作」の選手たちに芽生えた自我。渡辺の思いは形となって表れた。

横浜はその後、無死満塁とチャンスを広げ、4番の後藤武敏（DeNA）が中前へ2点適時打でついに同点。松坂がバントで送り、最後は柴が二塁と中堅の間にポトリと落ちる決勝打でサヨナラ勝ち。歓喜の横浜ナインに一人も立ち上がることができない明徳義塾ナイン。無情のコントラストがグラウンドに映し出された。

渡辺は試合途中から気になっていることがあった。それがひとつの勝機として、光が差したのも事実だった。一塁側ベンチで敵将をずっと観察していた。

「相手の馬淵（史郎）監督が、百戦錬磨でも冷静さを失ってしまったように見えましたね。6点差あればそこまで慌てないのですが、投手の交代で馬淵さんが慌て出した」

押し寄せる逆転の波。松坂がもたらした勢いは名将の迷いも生んでいた。9回の後藤の同点2点適時打、そして最後の柴のサヨナラ打。内野の陣形は前進守備だった。2点をリードしている状況ならば中間、もしくは定位置で内野は併殺狙いでいい。サヨナラの場面も2死。本塁で刺す必要はなく、打者勝負でよかった。後藤の強い打球は遊撃手が後ろに逸

■第80回全国高校野球選手権大会　準決勝
（1998年8月21日　甲子園球場）

**横浜 7－6 明徳義塾**

| 高校名 | 1 | 2 | 3 | 4 | 5 | 6 | 7 | 8 | 9 | 計 |
|---|---|---|---|---|---|---|---|---|---|---|
| 明徳義塾 | 0 | 0 | 0 | 1 | 3 | 1 | 0 | 1 | 0 | 6 |
| 横浜 | 0 | 0 | 0 | 0 | 0 | 0 | 0 | 4 | 3x | 7 |

**投手**

明徳義塾：寺本→高橋→寺本
横浜：袴塚→斉藤弘→松坂

**本塁打**

明徳義塾：藤本、谷口

| | 打数 | 安打 | 打点 | 二塁打 | 三塁打 | 本塁打 | 三振 | 四死球 | 犠打 | 盗塁 | 残塁 | 失策 |
|---|---|---|---|---|---|---|---|---|---|---|---|---|
| 明徳義塾 | 35 | 14 | 6 | 1 | 2 | 2 | 8 | 3 | 3 | 0 | 8 | 1 |
| 横浜 | 36 | 11 | 6 | 0 | 0 | 0 | 9 | 4 | 3 | 1 | 10 | 0 |

らした。柴の打球は二塁手の頭上をほんのわずかだけ越えていった。

馬淵監督が守備隊形の指示を誤ったのではないか、そんな疑問も生まれてきた。それほどだれもが興奮の真ん中にいた。

「采配する監督が慌てれば一番選手が困る。威風堂々、俺は動じない、大丈夫だというくらいでないと選手は戦えません。接戦、逆転がかかるあの試合のようなときは、やはり選手を安心させないといけないんです」

渡辺にも一時、負けを悟った瞬間はあった。だが、顔には一切出さずに、堂々と構えた。サインに迷いはひとつもなかった。強い監督を演じ、自分の野球観を貫いた先に大逆転劇が待っていた。

## 仲間の下着は洗えるか？
## 98年夏メンバーの強固な絆

この代からプロへ松坂、後藤、小池正晃（ＤｅＮＡ２軍打撃コーチ）、小山良男（中日育成コーチ）の４人が進んだ。渡辺の目にはだいぶ前を走る松坂の背中を、みんなが必死に追うという実力の構図だった。練習から打力のある松坂に負けまいと主砲の後藤が気を吐く。小池も必死に食らいつき、パンチ力を磨いた。捕手の小山も松坂をリードするのに必死だった。渡辺は言葉に愛情を込めながら振り返る。

「小山は大した選手ではなかったし、小池は足があるけど、器用さがなかった。プロであれだけよく活躍したなと思います。後藤だって打つことに関しては松坂クラスだったけど、守りが下手だった。野球というのは走・攻・守なんですよね。そのバランス。壁に当たれば、どこか崩れていく。チームのバランスも同じです。そういう面では本当にうまくいった。チームワークだって、最初バラバラだったんです」

渡辺が勝つために一番大事なものと考えていたのが、「チームワーク」という呼吸だった。98年夏の明徳義塾戦ではその呼吸がベンチ、選手間で合っていた。しかし、1年前の夏からは想像もつかなかった。

全国制覇を遂げた前年、松坂は神奈川県大会の準決勝・横浜商戦で自身の暴投でサヨナラ負けを喫している。2－2、同点の9回裏1死一、三塁。スクイズを警戒し、バッテリーはボールを外したが、その投球が大きく逸れた。この敗戦を最後に新チームは春夏甲子園、国体までの公式戦で44連勝するのだが、この一戦が忘れられないのだと渡辺は言う。

「このときまで、私自身も負けて文句を周囲から言われたことなどなかった。『渡辺、辞めろー！』という声も受けました。松坂は2年生ながらもエースで、チームは断トツの優勝候補。春の関東大会で（松坂は）140キロ後半を出し、全然打たれないで優勝した。それが、たったひとつの暴投でね。あの試合で余計なこと（スクイズ警戒のウエストボール）をしなければ、簡単に勝てていた。でも、あの負けがなかったら、その後の春夏連覇はなかったし、いかにチームワークが大事かわかったと思う。ウエストボールというのは練習をしていたのに、捕手の小山との呼吸が合わなかった」

2年生バッテリーながら考えて、緊迫した場面でボールをウエストできたのは、非凡な感性がなければできない判断だ。松坂、小山の二人にはその高い能力が備わっていた。しかし、試合には敗れた。その悔やまれる事実が、選手同士の対話を増やし、チームの結束を高めていった。

「最後の夏は絆を築きながら、努力をしていきました。本当にもう全員がまとまったいいチームでした。ユニフォームを着られない選手もそう。その親までもが、まとまったのです。こんなことはこれまでの監督経験でありえない。だから、春夏連覇ができたと今でも思えますね」

全国屈指の強豪である横浜は、次の世代につながるよう1、2年生の補助メンバーを甲子園に連れて行く。球場での公式練習の手伝いや、ボールボーイとして甲子園の試合を間近で見させ、経験を積ませる。しかし、この年はメンバー外の3年生を全員、連れて行った。

渡辺はメンバー発表の後、3年生のベンチ外メンバーを集めた。

「おまえたち、仲間の松坂、小山、レギュラーの下着洗いはできるか？」

それが帯同させる条件だった。普段は洗濯は自分でやる。甲子園では勝ち進むにつれて連戦が続き、ミーティングの時間も多くなる。体調管理に気を使う時間も増えるため、身の回りのことがおろそかになってしまう。渡辺は甲子園の経験から、大会期間中に試合日程が詰まったときは、下着洗いを下級生に仕事として命じてきた。しかし、2年半一緒に過ごしたこの代のメンバーの人間性を見て、連れて行くことで大きな力になってくれるだろうという確信があった。渡辺の打診に首を横に振る者はいなかった。最終的に3年の控え部員が裏方の仕事を全うした。

「『あれだけ放っている松坂のために』という思いを彼らは明確に持っていた。チームワークでしょう。『アイツががんばっているんだから、俺も』とみんながんばっていましたね」

大逆転勝利は、チームワークと無縁ではない。

そんな大会期間中、ベンチ入りメンバー内に異変が起きていた。2回戦、杉内俊哉（巨人）のいた優勝候補の一角・鹿児島実（鹿児島）に勝利した後のことだった。3回戦の星稜（石川）との試合に備えたある日、兵庫県内のグラウンドで練習をした。春夏連覇への期待が日に日に高まり、怪物・松坂大輔への注目度も増していくのは報道陣の多さでもわかった。甲子園球場で他の学校の試合が行われているにもかかわらず、練習用グラウンドには40社近いメディアの数。練習をスタートし、渡辺は松坂の調子を確認するため、ブルペンへ向かった。すると、野手の練習を見ていた小倉が渡辺のもとに飛んでやってきた。選手たちの練習態度が怠慢だ、と伝えに来たのだった。

「杉内君の鹿児島実を倒して、もう選手たちが優勝した気になっていたんです。デレデレやっていたので、『練習やめる！（宿舎に）帰る！』と切り上げました。小倉もびっくりしていましたね。俺はそこ（やめると）まで言っていないのにという顔をしていました」

割り振られた貴重な練習時間をたっぷり残し、横浜はグラウンド整備をして宿舎に戻った。いつもの宿舎でのミーティングも、渡辺は行わなかった。食事の席にも姿を見せなかった。選手たちに緊張感が走った。

その夜、責任感の強かった後藤、主将の小山を中心にナインは話し合い、反省した。いてもたってもいられなくなり、近くにバッティングセンターを探しに行ったり、見つけた神社で素振りを繰り返したりした。その後、自分たちだけでミーティングを行い、試合に備えた。

「選手たちはさすがにヤバいな、と思ったんでしょうね。次の試合は難なくというか、相手を寄せ付けずに勝つことができました」

練習場や宿舎ではベンチ外メンバーが準備をしてくれている。自分たちが支えられていることをベンチ入りメンバーに再認識させ、緊張感をもう一度与えることに成功した。こういったメンタル面の強化も、土壇場で力を発揮する大きな材料となる。翌日の3回戦、甲子園常連校の星稜に対して、松坂が4安打完封。5－0で勝利し、準々決勝に駒を進めた。

## 延長17回　伝説のPL学園戦
## 培われた訓練　主砲の負傷

語り継がれるPL学園との準々決勝、延長17回の死闘。横浜は2度（延長11回と16回）逆転し、最後は同点の17回、常盤良太の勝ち越し2ランで勝利を収めている。この年のセンバツ準決勝でも横浜はPL学園に0－2から8、9回で3点を奪い逆転勝利。春の再戦となったこの試合も、目の色を変えてくる強者を王者は退けた。

渡辺はPL学園に対し、簡単には勝てない相手と認識していた。そのため、練習で徹底してきた「戦略的」な部分を試合でも忠実に行うことを指示した。春の対戦で0－2とリードされた8回1死二、三塁。投手・上重聡から松坂が放った打球は三塁手・古畑和彦へのゴロ。三塁走者の加藤は本塁へ突っ込んだ。加藤は練習通り、捕手のミットに向かって走った。古畑の送球は加藤の背中に当たり、大きく後ろに逸れた。その間に二塁走者の松本勉も生還し、同点となった。

「スライディングするときに、片足だけホームベースをかすめていればいい。あとは体を捕手に預けるだけでいい。今は禁止事項になったけれど、構えたところに走るというのはひとつのテクニックでしたね」

最後は9回表に加藤がスクイズを決めて、3－2と逆転勝利。あらゆる状況を想定して、練習に練習を重ねていた横浜の備えの野球と、したたかさが実を結んだ。

走者一塁の攻撃時は、併殺を崩すためベースカバーの選手の動きをよく見てスライディングをすること。足だけベースにつけばいいため、体は野手へぶつかっていく。投手がボールを投げるとき、握り方によって、変化球なのか、直球なのか。セットポジションのときの動作に入るまでの間《ま》、首の動かし方によって、牽制の数がどれだけ変わるのかなど、小倉とともに教え込んだ。

「そういう（細かい）ところを突いていく戦いです。そういうチームを小倉と作りあげました。そして、選手にそれを理解する力があった。あくまでひとつの例ですが、ＰＬ学園のような強豪とやる場合は、ほんの紙一重の中での野球ですから」

戦術を振るう一方で、渡辺は言葉の力も逆転する上では大きいという。

ＰＬ学園に対する意識は選手だけでなく、渡辺自身にもあった。元ＰＬ学園監督の中村順司さんが持つ全国制覇６度を超えたいという思いもあった。夏の準々決勝前、選手たちの中で帽子のひさしの裏に打倒・ＰＬとマジックで書き込もうとする者がいた。渡辺はそれを制止した。

「キーワードは『安心』だ。仲間を信じて安心してやりなさい。それに打倒ＰＬでは困る。『我々が目指しているところは全国制覇なんだ』と言いましたね」

選手たちに平常心を呼びかけ、さらに上の目標を再認識させ、戦いに入っていった。試合は後にドキュメンタリー番組が放送され、社会現象にまでなった一戦。３時間半を超える長い試合展開の中で、渡辺は厳しい言葉で選手を叱咤していた。

７－６。１点をリードして迎えた延長16回。ＰＬ学園は１死三塁の同点機。３番・本橋伸一郎の打球は遊ゴロ。遊撃手の佐藤勉が一塁へ投げた瞬間、三塁走者の俊足、田中一徳が本塁を突いた。一塁の後藤はすかさず本塁へ転送したが、送球は大きく逸れた。打者走者と交錯し、悪送球したように見えたが、守備妨害は取られずにホームインが認められ、同点。チェンジ後、渡辺はベンチに戻った後藤を呼び

■第80回全国高校野球選手権大会　準々決勝
（1998年8月20日　甲子園球場）

## 横浜 9－7 PL学園

| 高校名 | 1 | 2 | 3 | 4 | 5 | 6 | 7 | 8 |
|---|---|---|---|---|---|---|---|---|
| 横浜 | 0 | 0 | 0 | 2 | 2 | 0 | 0 | 1 |
| PL学園 | 0 | 3 | 0 | 1 | 0 | 0 | 1 | 0 |

| 9 | 10 | 11 | 12 | 13 | 14 | 15 | 16 | 17 | 計 |
|---|---|---|---|---|---|---|---|---|---|
| 0 | 0 | 1 | 0 | 0 | 0 | 0 | 1 | 2 | 9 |
| 0 | 0 | 1 | 0 | 0 | 0 | 0 | 1 | 0 | 7 |

**投手**

横浜：松坂
PL学園：稲田→上重

**本塁打**

横浜：小山、常盤

| | 打数 | 安打 | 打点 | 二塁打 | 三塁打 | 本塁打 | 三振 | 四死球 | 犠打 | 盗塁 | 残塁 | 失策 |
|---|---|---|---|---|---|---|---|---|---|---|---|---|
| 横浜 | 64 | 19 | 9 | 3 | 1 | 2 | 8 | 3 | 4 | 1 | 11 | 0 |
| PL学園 | 58 | 13 | 7 | 1 | 0 | 0 | 11 | 6 | 6 | 0 | 12 | 3 |

寄せた。肝心なところでの送球ミスが許せなかったのだ。

「ものすごく頭に来てしまってね。『てめぇみたいなヤツとは縁を切る。顔も見たくない、出て行け』と言いました。一塁を代えようと思って、堀（雄太）に一塁の守りにつくように指示しました。そうしたら堀が『監督、僕はもうスタメン（6番・左翼で先発し、途中交代）で出ていたので、出られません』と言われて、我に返りました。『まだ負けていない、がんばろう』と」

熱気の中、冷静になれていない自分を恥じたが、時にはやる気を起こさせるために激しい言葉を浴びせることもあった。だが、叱る中でも根底にあるのは、愛情を持ってムチを叩くこと。人を動かす上で忘れてはならないことだ。前年夏に松坂の暴投で負けてから、渡辺はこの代の選手たちとマンツーマンで時間をかけて話をし、絆ができていたと自負する。迎える局面で、瞬時に助言を送れるかどうかで試合の流れは変わってくると言い切る。

「備えのアドバイスです。たとえば打席で1球目を右方向に打てとか、引っ張ってみろとか、そう言うと思わぬ結果が表れることもあります。言葉ってそういう力を持っています」

YOKOHAMA

ＰＬ学園を延長17回の末に下した後、渡辺に叱責された後藤が苦悶の表情を浮かべていた。主砲は星稜戦前の神社での素振りで、持病の腰を悪化させてしまっていた。ＰＬ戦は大きな痛みを抱えながらのプレーだった。延長16回、田中の生還を許した悪送球は下半身に力が入らず、腰から崩れ落ちてしまい、体のバランスを崩してしまったのだ。病院の診断の結果、疲労骨折していることが判明。翌日の明徳義塾戦の出場はドクターストップがかかった。選手生命を脅かす大ケガだった。文字通りの死闘だった。

「医者がダメだと言っても『本人が行く』と。『ここで野球生命が終わってもいいです。プロに行けなくてもいいです。この夏の大会に懸けます』と言ってくるものだから……」

渡辺は後藤が高いレベルの実力を持ち、なおかつ陰で努力していることを知っていたため、彼の意見を尊重した。後藤は準決勝を強行出場。9回に貴重な同点2点適時打を中前に放った。結び目がさらに強固になった絆がなければ、奇跡の6点差逆転劇の主役クラスの選手が欠場していた可能性もあった。

## 根性野球に罵声罵倒
## 厳しさの中で摑んだ甲子園V

逆転劇を語る上で、渡辺が大きな要素と挙げるひとつに「目標」の設定がある。掲げてきた目標は全国制覇、ＰＬ学園撃破、原貢監督に勝って神奈川を制すること、そして江川卓撃破だ。

「(横浜が全国の頂に)君臨するためには、常にＰＬ学園の牙城を崩さない限りはないという考えはありました。勝って横浜の時代にしようと言ってきました。まだ今のように大阪桐蔭が君臨するのではなく、ＰＬ学園、浪商(現大体大浪商)がいた。そこに神奈川では法政二高が立ちはだかった。そういう系譜は私もわかっている。そういう熱い思い、目標を持たなかったら私も選手もダメになりますから」

横浜は多くのプロ野球選手を輩出しているが、プロに送り出すことを目標にしているわけではない。その目標に対して取り組んだという過程、その努力が尊い価値となり、人間力として磨かれる。土壇場で力を発揮するためにも重要な鍵だ。

指導法は時代によって選手の気質、環境の変化とともに変わってきた。だが、1968年に横浜の監督に就任した当初の渡辺は鬼と化していた。

「生徒が逃げるんです。それくらい練習がきつかった。生徒にとってみれば、『監督め、今に見ていろ』というようなまさに根性野球。鉄拳制裁でしたし、『バカヤロー、バカヤロー』と罵倒罵声ですよ。選手がその意味をどう解釈するのか。イジメられていると思うのか、俺のためにものすごく怒ってくれていると思うのか。そういう中でいろんなことが生まれてきました」

気持ちの伝わる選手が土壇場で本塁打も打った。1973年にセンバツ初出場初優勝したときの決勝戦の広島商戦。この試合は逆転ではないが、1－1の同点から延長11回に富田毅が左翼ポール際へ勝ち越し2ランを放ち、試合を決めた。この富田は10回に左翼の守備で失策。同点に追いつかれる要因となっていた。ミスを帳消しにする劇的弾だった。渡辺はこのときも怒りに震えていた。

同点に喜ぶ広島商スタンドから紙テープが投げ込まれ、それを回収する時間があった。その間、渡辺は冷静になった。11回に打席に入る富田とベンチで話をした。

「富田が『監督、すみません』と泣いていたんです。それまでこのやんちゃな猛者連中が泣いているのなんて見たことがなかったです。本来ならば『てめぇ、打たなかったらコノヤロー、わかってんだろうな』という雰囲気になる。でも、涙を流すもんだから、『泣いていたら打てないだろう。おまえが打ちたいように打てばいい』と言って送り出しました」

打てなかったり、守りでミスをしたりしたら、学校に帰って打撃練習を延々とやり、100本以上のノックを浴びせられる。そんな激しい日々だった。グラウンド脇の15、6人が着替えられるくらいの小さな部室を、ティー打撃場に改造した。そこに2畳のたたみを敷き、寝泊まりしながら練習をさせた選手もいる。時には逃げないように柔道着の帯をベルト代わりにして、逃亡させないようにした。24時間練習をしたこともあった。恐怖政治の中で培われた選手たちの精神力。そんな精神と涙腺が同時に崩壊した富田を、渡辺は発したことのない優しい言葉で包み込んだ。

「日本一の長い、厳しい練習をしたことが功を奏したと思っています。（1973年のセンバツが）私にとっては高校野球人生における原点です。愛甲の1980年夏、松坂の1998年の春夏、2006年の春と5度甲子園で優勝させてもらいました。松坂のときは決勝戦のノーヒットノーランも含め、奇跡のような試合が3度

（ＰＬ学園戦の延長17回、明徳義塾戦の逆転）あった。それはやっぱり、そういう原点があったから、（その後の）逆転劇につながったんだと思っています」

目標がない限り、逆転は生まれない。今でこそ温和な渡辺だが、根性野球を追い求めた当時は、相手の監督と口もきかないくらいだった。とにかく倒さないといけない相手だったから、闘争心を剥き出しにしていた。中でも一番、大きな壁となったのが、同じ神奈川でしのぎを削り、２０１４年5月にこの世を去った東海大相模・原貢元監督だった。

晩年は食事やゴルフなどを一緒にたしなむ関係だったが、渡辺にとっては超えなくてはならない存在だった。１９６８年に横浜の監督に就任してから、夏の覇権は東海大相模に奪われ苦しんだ。１９７４年からは原辰徳（元巨人監督）の親子鷹に3年連続夏の甲子園出場を阻まれた。

「原貢さんを目標にしてきたんですが、なかなか勝ち上がれなくて。神奈川を制するのは至難の業です。常に『打倒・原貢』なんですよね」

東海大相模にどうやったら勝てるのか――。

渡辺にとっては東海大相模・原貢に育てられたという思いも強い。強い者を乗り越えようとするから、自分たちも強くなれた。切磋琢磨したからこそ、神奈川を制する者は全国を制す、という言葉も生まれた。

ただ、強さを誇る東海大相模も常に勝てるわけではない。1972年の秋、横浜は神奈川を制し、関東大会に出場した。見事に準優勝を果たし、初のセンバツ切符を手にした。そこで新たな大きな壁にぶち当たることになる。優勝した作新学院（栃木）の江川卓（元巨人）だった。決勝戦で完封負け。手も足も出なかった。

「江川というのを目の前で見て、どうしようかなと思いました。この投手を打たない限り優勝はできない、と。甲子園に向けては打倒・江川に変わりましたね。何としてでも打ち崩してやろう、と」

マウンドから本塁までの18・44メートルの半分くらいの距離にマシンを設置し、速球対策、打倒・江川に明け暮れる日々だった。

迎えたセンバツ。横浜、作新学院ともに順調に勝ち進んでいったが、作新学院が準決勝で広島商に敗れた。江川が散った。目標にしていた怪物と甲子園で対戦することはなくなった。

「目標をすぐに『優勝』に切り替えました。もちろん私は全国優勝の過程に江川がいる、と思っていましたので難しいことではなかったです。ずっと全国制覇、全国制覇とは言っていました。（初出場だったので）おまえらにできるはずがないだろうと周りに笑われましたけどね。でも、今思うとそれが言霊になっていました。打倒・江川という目標がある上で、全国優勝という言葉を毎日、毎日、何回唱えさせたか。言霊として浸透していましたね」

次第に選手たちは、優勝しないといけないという気持ちになっていった。これも渡辺にとってみれば言葉のマジックだったのだ。原貢、江川、全国優勝……目標、ターゲットを作りあげ、唱えることで、実力以上のものを引き出していった。

## 使い続けた「言葉のマジック」監督として起きた心境の変化

渡辺の言葉の使い方は、時代の流れとともに変わっていった。スパルタ教育から選手との対話を重視し、時には愛情のある優しい言葉も投げかけるようになった。

きっかけは、神奈川で勝てなかった期間の〝心の修業〟だった。監督に就任してからセンバツには2度出場したが、夏が遠かった。1970年代は、10年に7度も東海大相模が夏の甲子園に出場していた。自問自答の日々が続き、知人である王貞治氏や地元・神奈川の一流企業の経営者らに話を聞いたりもした。

「自分自身に転機が訪れたことがわかっていました。なので、積極的に話を聞きました。私にとって大きな影響力を与えました。京都のお坊さんにもお話を聞きました。自分自身を磨かなくてはダメだな、と感じました。なので、20代の頃から40年以上、今でも色々な方に話を聞き、お世話になっています。生徒を教えるということ以前に、監督としての資質を磨けということなんだなと思いました」

選手と接する中で、相手の心の中に入っていかないといけない。愛情が人を動かすという境地にたどりついた。どのようにして関係性を構築していくか、コミュニケーションを取っていくかが重要だと気がついた。

1978年夏は、入学してきたばかりの左腕・愛甲猛（前ロッテ）の活躍もあり、初めて夏の選手権切符を手にした。しかし、愛甲がその後、退部する〝事件〟が起き、しばらく渡辺が自宅に置く期間もあった。寝食をともにした生活を送る中で、これまでのようなスパルタから対話重視に変えていき、愛甲を教育した。

そして、センバツ優勝してから7年後の1980年の夏。復帰した愛甲を擁して神奈川を再び制した。そのまま夏の甲子園初優勝を果たすことにもなるのだが、この期間渡辺自身の〝目覚め〟が大きく影響している。

1980年の夏の大会は、早実の1年生右腕・荒木大輔のフィーバーだった。横浜は順当に勝ち進み、準決勝で強豪・天理（奈良）と激突した。激しい雨の中で試合は2回に中断。大会本部を通じ、7回が限度かもしれないと通達されていた。足場はぬかるみ、両校の守備は乱れるばかり。愛甲がいくら抑えても横浜は失策の連続。この試合5失策。7回表に失策から出した走者を塁上に置き、愛甲がタイムリーを浴びて1点を先制された。その裏に点を取らなければ、降雨コールドゲームになる可能性が高かった。

簡単に二人が倒れたが、続く吉岡浩幸は三塁へのゴロ。万事休すかと思われたが、相手野手が足をとられて、ボールを捕球できずに失策。四球を挟み走者一、二塁となった。渡辺は続く打者の沼沢尚を呼んだ。

「たしか沼沢は打率が1割台だった。正直ダメだと思ったんです。なので『おまえはいいバッティングをしているけど、もっと振らないとな。思い切って振れ』と声をかけました」

初球だった。指揮官に背中を押された沼沢は左前へ痛烈な同点タイムリー。渡辺は相手投手が雨の中、投げにくそうにしているのを見抜き、直球で攻めてくると予想。その読みが当たり、選手も期待に応えた。渡辺の言葉のマジックは続く。走者一、三塁で打席に入る宍倉一昭には、

「もう、おまえのせいで負けることはない。気軽に打ってこい。あとのことは考えるな」

宍倉が初球のストレートをフルスイングすると、打球は見事に右中間の最深部へ。決勝の2点三塁打。その後は愛甲がきっちりと締め、横浜が天理を逆転で下し、決勝戦へ進出した。

決勝の相手は荒木大輔のいる早稲田実（東京）。荒木は準決勝の瀬田工（滋賀）戦で完封し、甲子園で44回1／3を無失点投球だった。横浜は初回に1点を先行されたが連投の荒木を攻め、足立勝、愛甲、片平保彦の3連打で1点を返して同点。

なお2死一、三塁の好機で荒木が投球モーションに入ろうとしたとき、腕が腰に当たり、落球するアクシデント。ボークを取られ、三塁走者の片平が生還。荒木にとってみれば、今大会最初の失点となった。試合はその後、早稲田実にリードを許すことなく、6－4で横浜が夏の初優勝を果たした。

1973年のセンバツで甲子園初出場初優勝の偉業を成し遂げ、80年には愛甲を擁して夏制覇。1998年には春夏連覇。2006年春の優勝も含めれば、10年に一度すべての年代で優勝を果たしている。

「最初の永川（永植）の頃は殴ってやりたい選手がたくさんいた。愛甲の時代はそういうことはしていません。選手の指導内容が変わってきた。言葉には真理があるので、言葉を大切にして臨んだ。愛甲のときが指導におけるターニングポイントだと思う。（試合中にかけた）その言葉がなかったら、逆転も生まれていなかったと思うんですよ」

98年の松坂世代以降は、教育者としての観点が大きくなった。盟友・小倉とのタッグが神奈川を席巻。色々と意見でぶつかりながらも、戦術、技術面を一任した。渡辺はメンタル面の強化を中心に〝分業制〟。厳しく選手を叱責するのが小倉ならば、後でフォローするのが渡辺の仕事だった。二人のコンビネーションが一時代の強い横浜を作った。

「根性論、言葉の真理ときて、松坂らの代は英才教育でしたよ。たとえば練習でプールに行かせたり、都内の外国人トレーナーのところに行かせたり、新しいことをしました。選手にとっては新鮮だったでしょう。それならば一生懸命やるわけです。これがまたよかった。体の力がつきました。本人たちに資質があったので、自由にのびのびやらそうと。管理はするけど、教えることだけは教えて。あとは自分自身だ、と」

各時代で選手の気質を把握しないといけなかった。経験を踏まえて横浜の指導は形を変え、土壇場でも負けない力を蓄えていった。

甲子園で数々の逆転劇を演じてきた渡辺だが、土壇場に逆転や僅差で試合に勝つのと負けるのとは表裏一体だという。

「備えがあるか、ないかの違いだと思います。なぜ負けたのかということを、とことん追求していかないと次にはつながらない。仕方がない、と言っていたって勝てないです。ただ、技術だけに走るのではなく、力がなかったというので片づけてしまってはいけない」

甲子園通算51勝の名将でも勝つために努力し、苦しんだ。最後まで勝ち切る力をつけるための練習、対話を繰り返した。

「今、振り返ってもよく変化してきたなと思います」

初出場時から44年の歳月が経過した。教え子にはメジャーリーガーになった松坂大輔、3度の最多勝を獲得した涌井秀章（ロッテ）、セ・リーグで本塁打王になった筒香嘉智（ＤｅＮＡ）ら多くのスター選手が育っている。誇りに思うが、当時の教えを今の子どもたちに教え込むつもりはない。今の時代に合った指導方法を確立しないといけない。

逆転勝利は簡単には生まれない。渡辺は40年以上もの間、高校野球界をリードし、モデルを作ってきたが、指導の答えはひとつではない。それぞれが生きてきた時代背景が違うからだ。ただ、そこには指導者と選手、共有する時間の長さ、色濃さが大きく関わっているのだ。

第3章

# 報徳学園 永田裕治元監督

「逆転の報徳」の真骨頂、
最終回2死から堂林翔太を攻略し逆転
2009年春の選抜準々決勝
対中京大中京戦ほか

文／石川遥輝

## 永田裕治

ながた・ゆうじ

1963年10月18日、兵庫・西宮市生まれ。報徳学園3年時の81年に春夏連続で甲子園に出場し、夏は右翼手としてエース・金村義明氏らとともに全国制覇した。中京大に進学し、桜宮のコーチ、90年に報徳学園のコーチ、94年に監督に就任。2002年春にエース大谷智久を擁して全国制覇。過去に春11回、夏7回の通算18回甲子園に出場。2017年の選抜を最後に勇退。

## 「逆転の報徳」の伝統を守った永田監督の23年の歩み

2017年センバツ。15年ぶり、監督として自身2度目のセンバツ優勝まであと2つに迫っていた。報徳学園・永田裕治監督は最後まであきらめてはいなかった。準決勝の履正社(大阪)戦。1点リードした9回表。勝利目前だったが4点を失い、3-6となり試合は9回裏の攻撃へ。今春で勇退を発表していた永田に最高の花道を用意するため、ナインは一丸となって戦ってきた。逆転を信じて……。

奇跡の予感は漂っていた。1点を返し、なお1死一、三塁とチャンスを作ったが、2番・永山裕真の打球は二ゴロ併殺打。「逆転の報徳」の伝承はならず、試合は終わった。

「選手たちは本当によくやったと思います。あれだけ弱いチームがここまでになっていくとは思わなかった。選手らの自覚が素晴らしかった」

学校のグラウンドで見せる厳しい指導者としての顔はそこにはない。今チームは甲子園を目標にできるチームではなかったと言うが、永田は機動力に目をつけてそれを生かし、全国レベルのチームを作った。一方、ナインは監督の花道を飾ろうと一丸になった。全員で摑んだ全国ベスト4という好成績を最後に、永田は23年間務めた監督という重い荷物を下ろした。

逆転の報徳――。

この言葉が誕生したのは、1961年夏の甲子園1回戦・倉敷工（岡山）戦のことだった。試合は両校譲らず、0－0の延長11回へ。表に報徳学園は一気に6点を取られたが、その裏になんと6点を奪い返し、同点に追いついた。そして延長12回にサヨナラで勝利。この奇跡的な勝利から、報徳学園には「逆転の」という枕言葉がついてまわるようになった。その伝統は相手にとって最後まで脅威となった。これもチームの大きな武器である。では、プレーしている側はそのような重圧は感じているのだろうか。

「全然、プレッシャーにはならないですよ。ただ、先輩方の実績、功績を引き継いでいかないといけないなとは思います」

指揮を執る永田に特別な感情はない。選手たちを鼓舞し、自信を持ってプレーさせるために、「歴代の先輩たちも追い込まれたときに力を発揮した。だから、おまえたちでもできる」と、ここぞのタイミングで声かけをする。1961年夏のビデオを見たり、書物を読んだりしたこともある。当時の選手がOB会長を務めていた時期は話を聞いたりもした。ただ生徒には「逆転の報徳」の歴史を語るようなことはしない。

「グラウンドの中で一生懸命にしっかりとプレーし、最後まであきらめないことが大事ということです。ボールが落ちるまで何が起こるかわからないでしょう。それを自分で実践したりもします」

たとえば、守備練習で永田自身がボールを上げて、地面に着く前に自分で滑り込みながら捕球に行ったり、スクイズの練習で打席に立ち、外されたボールに飛びつき、決めてみせたりもした。泥だらけになりながら、体を張って教え込んだ。伝統を口で伝えるよりも、その姿を見せるほうが効果的だった。これが報徳の野球だ、と。永田は、ボールに全力で食らいついていかない選手がいれば叱責する。怒られている先輩たちを見ていれば、自ずと後輩たちも報徳学園の野球がどんなものかがわかってくる。それが土壇場での強さ、伝統の継承につながっている。

ただ、永田の口から興味深い一言が出た。
「僕は逆転の法則はあると思いますよ」

永田は3年生だった1981年春夏の甲子園に出場。主に7番・右翼手でプレーし、エース・金村義明氏らと夏優勝。監督としても02年にセンバツで優勝しており、選手、監督両方で全国制覇という偉業を成し遂げている。兵庫出身で、小さい頃から報徳学園のグリーンのアンダーシャツに憧れ、同校の中等部に進んで報徳学園とともに歩む人生をスタートさせた。中等部から6年間、一緒に過ごした甲子園出場メンバーも数多くいた。

夏の頂点まで、平坦な道のりではなかった。3回戦の早稲田実（東東京）戦では2年生右腕・荒木大輔と対決。前評判通り、金村、荒木の投げ合いで進んだ。7回表、金村の直球が早稲田実打線につかまった。連打やバントを絡められ、3点を失った。8回に両校1点を取り合い、1－4で9回裏を迎えた。

ここから報徳学園は脅威の粘りを見せる。先頭の4番・金村が荒木の直球を叩き付け、足元を抜く痛烈な当たりを放った。早稲田実の二塁手・小沢章一がうまく回り込み、捕球。一塁へ送球したが金村の懸命なダッシュで間一髪セーフ。内野安打となった。死球で無死一、二塁となり、岡部道明、浜中祥道の左翼線適時二塁打などで一気に同点に追いついた。

延長10回も、金村が痛烈な左翼線二塁打を放って出塁。続く西原清昭の左翼越え二塁打でサヨナラ勝ち。金村がホームを踏み、3点差を土壇場でひっくり返した。「逆転の報徳」の伝統を引き継ぐゲームとなった。

「現役のときのことはあまり覚えていないんです。僕自身が大した記録を残したわけでもないので。監督になってからのほうが（試合のことは）覚えています。逆転というのは良い意味で捉えるなら、最後まであきらめないということ。選手のときはただ一生懸命やっていただけです。監督のほうが難しいですよ」

永田は卒業後、中京大に進学。大阪・桜宮でコーチをし、90年に報徳学園にコーチとして戻ってきた。1994年の監督就任後は「全員野球」を掲げ、希望者は全員、入部可能。それは今も変わらない。メンバー、メンバー外も区別せずにノックを毎日、打っていた。基本は地元・兵庫の選手が希望して入ってくる。

「うちはだれでも入れるクラブで地元の選手がほとんど。学校として近くに住む選手にそっぽ向かれては話にならないです。もちろん遠くから来ていただけるのはありがたいことです。魅力のあるクラブにしていかないといけない。（親や関係者に）また子どもを報徳に入れたいと思ってもらえるようなリピーターになってもらうことが大事です」

甲子園常連校となってもスタンスは不変だ。夏の兵庫県大会の決勝が迫ってきていても、部員全員で同じ練習をして、ノックを受けさせる。メンバーもメンバー外も同じように指導をしてきた。あくまでも永田の高校野球は「教育」。全員でやらないと意味がない。同じ方向に進んで戦うことが、逆転を導く大きな要素となっていた。

「チャンスは全員に与えたい。周りに『甘い。そんな考えでは他のチームにやられる』などと言われましたが、責任取るのは私ですから。責任取ると言って、23年間やらせてもらいましたけどね」

同じことを全員でやっていく中で、ひとつの絆が生まれる。きついことも全員で乗り切る。甲子園の戦いは18人かもしれない。スタンドには部員が１００人以上いる。報徳学園の野球は一体感。それが自分たちの野球だと認識している。

## 大切なチームの方向付け 怠慢プレーは許さない

だから、怠慢プレーは絶対に許さない。

「走る面では全力疾走。プレーは最後まであきらめない。一生懸命走らないのは怠慢プレーです。使えないです。絶対ダメですね、うちの野球に合わないです」

練習で一塁への全力疾走を怠ったり、カバーリングをおろそかにしたりすると練習を一度止め、その選手を叱責する。「もう、いらん」と言って「果てしなく」怒る。グラウンドから追い出し、練習から外すことも多い。どんなに選手が謝罪しても、気持ちを切り替えてやると訴えても容赦はしない。外すと言ったら、輪には戻さない。それは練習試合でも同じ。相手校の監督や選手が見ていても、叱り飛ばす。それが永田のカラーだ。

しかし、甲子園に出場すると一転する。永田は選手を温かいまなざしで見つめ、発する言葉も選手を称えることが多い。

「自分としては試合に持って行く、公式戦に持って行くまでが、監督の責任だと思っています。そこで、最高のパフォーマンスができなかったら、監督の責任。試合は出て行った選手に任すしかない。体調を整えるとかは選手の責任ではありますけど、技術的にも精神的にも、戦えるように持って行くのは監督。なので、練習と練習試合は怒りまくりました」

公式戦前に怠慢プレーをしたレギュラー選手を、メンバーから外したこともある。ただ、叱り飛ばして野放しにしたままにはしない。たとえそこに人を介したとしても選手と会話をし、わだかまりをなくす。選手同士が話し合うこともある。時にはわかり合えないまま、選手がチームを離れていったケースもある。

「野球に限らず、社会に出て行っても一緒です。高校野球というのは甲子園に出ることが目標ではなく、社会に出て通用する人間を形成、育成しないといけない。形成より育成。そのために和は必要ですし、それなりのことをしていく中で全力でやっていく。それが私の考える〝逆転の法則〟なのかなと思うんです」

練習時間は決まっている。全員で一緒に行うため、ノックや打撃練習の1本当たりの時間は少なくなる。時間を無駄にしないよう、他の練習を一生懸命やる選手もいれば、手を抜く選手も時にはいる。そこで監督として、どれだけ選手に目配りをできるかどうか。和を保っていけるかどうかがチームを作る上で重要なことなのだ。この条件を満たさないチームは、どんなに強くても逆転は生まれない。

たとえば、素振りを1000スイング命じたとする。その中で手を抜こうと思えば、いくらでも抜ける。しかし、永田はそれを見逃さない。

「1000スイングしろと本気でさせたら選手は倒れますよ。そこまで意識を持って行く、みんなで同じことをやっているという意識が大切。野球の試合でも変わらない。ひとつのプレー、和が乱れることによって、流れが変わるんだということを植え付けます。それが最後の、ここ一番の強さになってくるんじゃないかな」

ただ、永田は全員野球と危うさは表裏一体でもあると、自身の心に警鐘を鳴らしてもいる。

「大学、社会に行ったら、〝全員で〟というようにはいかない。仕事ができる人はできる、できない人はできないし、自然に（組織を）辞めていかないといけない雰囲気にもなるかもしれない。うちの高校では全員にチャンスを与えている。でも、現状に甘えたらいけない。進んだ先で同じようにできると思ったら大きな間違い。

そういうふうに全員野球を提唱しながら厳しさも伝えています」

個人の強さとチームのまとまり。永田は２００８年の夏を思い出すことがある。エース左腕・近田怜王投手を中心に投打のバランスが取れたチームができあがった。東兵庫代表として第90回の記念大会に出場した。永田はこのときのチームワークの高さを今でも誇りに思っている。

県大会が始まる前の総仕上げの練習で、学校ではなく近くの球場を借りたことがあった。ノックを打つ永田の手が止まった。エラーをした後、ボールを最後まで追わない選手がいたのだ。永田がもっとも嫌う怠慢プレーだ。いつものように声を張り上げようとしたが、永田よりも先にチームメートが怒り始めた。指揮官の考えが浸透していた証しだった。選手間で集合して、徹底的に話し合いを開始。そのワンプレーを許さなかった。練習開始してまだ間もなかったが、そのミーティングは気がつけば2時間にも渡っていた。

「僕からそのミーティングを止めようとは思わなかったです。殴り合いになっていたら困りましたけどね。グラウンド使用料を払っていましたから、何ともったいないお金でしょうか（笑）。一個も練習できていない。でもね、選手主導の中でその行為を許さないというのができてきたとき、僕はこのチームは甲子園に行くと思いました」

監督、コーチではなく、自分たちがそれを許さない雰囲気を作り出した。主将で捕手の糸井慎太郎を中心に意見を言い合っていた。ベンチ入りメンバーだけでなく、控え部員も輪になって議論を続けた。

「補欠の選手が『俺たちが応援しているのになんということをしているんだ』というふうなことを言い出した。私はそれを聞いて『これは行けるな』と。あとは手綱をしっかり取っておけば（甲子園に）行けるんじゃないか、と思いました。チームというのは最終的にそういうふうに持って行きたい。方向付けは監督の仕事です」

永田の予想通り、チームは結束。甲子園でも逆転劇を演じた。

初戦の新潟県央工（新潟）戦。2点を追う6回、それまで1安打に抑えられていた相手先発が交代すると、2死三塁から6番の氏家大輔が同点2ランを左翼席へ。エース近田が9回まで11奪三振の粘りの投球を見せると、最終回にドラマが待っていた。9回、2死から3番の糸井が右中間へ三塁打を放ち出塁すると、続く4番の井上貴晴が右中間席へサヨナラ本塁打。見事な逆転劇にベンチもスタンドも総立ちになった。2本塁打で底力を見せ、同校は11年ぶりの夏の甲子園勝利を飾った。

さらに強豪・智辯学園（奈良）との2回戦。逆転ではないものの、延長10回に6番・氏家の犠飛で2戦連続サヨナラ勝利。優勝した大阪桐蔭（大阪）に準々決勝で敗れはしたが、8強入りと最後まであきらめない戦いを見せた。

「生徒たちが『自分たちのチーム』と自信を持って言えるような形にしたいわけです。生徒の中で自分たちの野球はこうなんだ、とディスカッションするようになってきて、怠慢プレーを許さない空気が出てくるとチームは絶対に強くなる。私もこのチームを甲子園に行かせたいと思う。選手らの自覚です。優勝したときもそうだったですね」

2002年春。報徳学園はエース・大谷智久（ロッテ）が5試合、619球を一人で投げ抜く活躍などで、28年ぶり2度目の優勝を飾った。日大三（西東京）、広陵（広島）、浦和学院（埼玉）と強豪校を立て続けに撃破した。それもすべて逆転での3校を倒している。

## センバツVに不可欠だった監督も涙のミーティング

大事な初戦。前年夏の王者・日大三に対し、初回に大谷が2点を失った。しかし4、5回と打線が着実に得点を重ね、同点とすると、7回に9番打者の荒畑圭が逆転アーチを左翼席へ叩き込んだ。大谷は2回以降、立ち直り、日大三の夏春連覇の夢を断った。2回戦の広陵戦。相手は2年生右腕の西村健太朗（巨人）だった。報徳学園は2回に先取点を奪われるも、3回無死一、三塁から荒畑のスクイズ、西村の暴投で逆転。その後も効果的に加点した。大谷は12安打されたが要所を締めて、逆転勝利を収めた。2試合続けて接戦を制し、勢いをつけていった。

「指示として（逆転の伝統を）言うことはあります。たとえば地方大会で負けている展開だったら、こういうところで逆転して先輩たちは甲子園に行っているぞ、とか言います。帝京の前田（三夫）監督も、同じようなことを言うと聞きました。聞いた話を自分の中でかみ砕いて解釈をします。自分なりに表現していきます。聞いたことをそのまま伝えるのではなくて」

土壇場での的確な指示や名門校の取り組み方を学ぶために、永田はメモ魔になった時期もあった。全国の名将たちを訪ねては指示の出し方、そのタイミング、言葉などを学んできた。

「なかなか（監督本人は）言わないですけどね。言わない中でどうやって引き出すか。ストレートに聞いたら絶対に教えてはくれません。その中でうまいこと聞き出して、ものすごくヒントになることがありますよ」

監督としての術を磨き、的確な指示で02年春はさらに白星を重ねていった。準々決勝では優勝候補で高校NO・1左腕、須永英輝投手のいた浦和学院と対戦することになった。だが、永田は広陵との戦いぶりに納得いかないことがあった。大事な試合を翌日に控えながら、1時間だけと決めてミーティングを行った。心を鬼にした。ある選手がファウルフライを懸命に追っていなかったのだ。怠慢プレーが許せなかった。控え部員も全員、集めた。

「これが報徳の野球か？　粘り強い報徳の野球なのか？　何事にも全力じゃなかったのか？」

一人を叱責するのではない。全員に向けて声を荒らげた。その全員の中には自分自身も含まれていた。選手に意見をさせた。それに永田も腹を割って話をした。次第に永田の目からは熱いものが込み上げてきた。選手も泣いていた。チームを一丸にする意識付けは甲子園に来る前に一度はできていたが、時間が経つにつれ、ちょっとした気の緩みが出ていた。永田は再び気を引き締めて、浦和学院戦に臨んだ。

優勝候補同士の激突は、初回から点の取り合いになった。報徳学園は初回、大谷が乱調で5安打を浴び、3点を失うという苦しい立ち上がりとなった。

「試合前、選手たちには全力で戦えと言いました。ただ、自分自身は勝ち負けというよりも、この子らに全力で戦えば得られるものがある、勝ちという結果が出るということをわかってほしかったんです。そういう意識でプレーすることで自信が生まれるので」

3点ビハインドという苦しい展開だったが、ここで前夜の涙のミーティングが生きてくる。あきらめない、粘りの報徳野球が顔を出した。

1回裏。2死一、三塁と得点機を迎えると、5番・石井孝一の内野への飛球を相手捕手と一塁手がお見合い。ボールが落ちる間に1点を返した。三塁走者はもちろん、一塁走者、打者走者も全力疾走で塁間を走っていた。前夜のこともあったので、その光景を永田は今でも鮮明に覚えている。再び一、三塁から6番・前山優が左翼線へタイムリー。二、三塁から木下賢治の中前2点打で一挙に4得点で逆転に成功。4回に再び浦和学院に2点を奪われるも、6回に須永の押し出し四球と大谷の左前2点打で3得点し再逆転。追い越されても、抜き返す執念。チーム一丸となって戦い、7－5で撃破した。試合内容は浦和学院のほうに分はあったが、あきらめずに食らいついて、勝利をもぎとった。

■第74回選抜高校野球大会　準々決勝
（2002年4月3日　甲子園球場）

## 報徳学園 7－5 浦和学院

| 高校名 | 1 | 2 | 3 | 4 | 5 | 6 | 7 | 8 | 9 | 計 |
|---|---|---|---|---|---|---|---|---|---|---|
| 浦和学院 | 3 | 0 | 0 | 2 | 0 | 0 | 0 | 0 | 0 | 5 |
| 報徳学園 | 4 | 0 | 0 | 0 | 0 | 3 | 0 | 0 | x | 7 |

投手

浦和学院：須永→鈴木
報徳学園：大谷

本塁打

| | 打数 | 安打 | 打点 | 二塁打 | 三塁打 | 本塁打 | 三振 | 四死球 | 犠打 | 盗塁 | 残塁 | 失策 |
|---|---|---|---|---|---|---|---|---|---|---|---|---|
| 浦和学院 | 37 | 13 | 4 | 1 | 0 | 0 | 7 | 1 | 4 | 1 | 10 | 0 |
| 報徳学園 | 29 | 9 | 7 | 1 | 0 | 0 | 8 | 4 | 4 | 0 | 6 | 2 |

永田にはかつて残した悔いがあった。1997年センバツも優勝できたかもしれなかったのだ。初戦は東海大菅生（西東京）を倒し、準々決勝では同年夏に甲子園準Vする平安（現龍谷大平安）の、後にオリックスに1位指名される好投手・川口知哉を攻略し、逆転で駒を進めた。勢いに乗るチームは続く準決勝、優勝候補の春日部共栄（埼玉）が来ると予想したが、準々決勝を勝ち上がってきたのは、中京大中京（愛知）だった。

「前評判は春日部共栄が高く、準決勝に来ると思っていた。なので、選手が勝てると思い、舞い上がっていた。それを鵜呑みにして勢いで行こうとして（そのまま）行ってしまった」

試合は1－5で完敗だった。中京大中京のエース・大杉樹一郎の安定した投球術に抑えられた。最後に9回2死一、二塁と反撃の流れを作ったが、牽制死で試合は終わった。春の頂点は夢へと消えたのだった。

「自分も選手をコントロールできなかった。あそこでもう一回、締めておかないといけないところを、そのままで行ってしまった。その一回の失敗があったので（気の緩みを感じれば）厳しく締めたり、話をしたりしていかないといけない。試合に

HOTOKU
14

入るまでが僕らの仕事。なので、このとき（02年も）抑えるポイントはココだ！とすぐに思いました」

02年は過去の反省を生かして、進んだ準決勝では福井商を7－1で下し、決勝進出。1－1の同点から7回に打者一巡、4長短打を絡めて6得点。決勝の鳴門工（徳島）戦は8－2と完勝。相手のミスを突く攻撃や、スクイズもあった。本来の調子ではなかった中軸を救うように下位打線が打点をマーク。一人で投げ抜いてきた大谷をバックアップし、ノーエラーだった。スコアだけ見れば〝大勝〟の印象だが、一球一球への執念、全力プレーが1回から9回まで失われてはいなかった。永田にとって最高傑作といえるチームが紫紺の優勝旗を摑んだ。

「ひとつのボールが地面に着くまで、次の選手がフォローをすればいい。落としたら終わりではなくて、地面に着く寸前に捕ればいいんじゃないか、と。そういう練習を取り入れています。我々は最後まであきらめない野球を目指していますから」

## 「おまえたちだってできる」逆転の伝統は生きる

永田は2009年春にも9回2死からの逆転劇を演じている。同年夏の甲子園で準優勝をする因縁の相手・中京大中京との準々決勝。相手エース・堂林翔太（広島）と対戦した。

4－5の9回表。堂林の表情の変化を見逃さなかった。7番・奈良貴晃に代え、代打に坂元頌を起用。打席に向かおうとする坂元を永田は呼び寄せた。

「初球に間違いなく真っ直ぐが来るから、その真っ直ぐを打て。いいか、初球の真っ直ぐやぞ。真っ直ぐやぞ。初球を逃したらあかん。思い切って振れ」

短い言葉に力を込めて「真っ直ぐ」と3、4回、確認した。狙いは的中。疲れの見え始めた堂林は直球を投げてきた。迷いのまったくないスイングで坂元は痛烈な右前安打を放った。

「変化球だったら打たなくていいくらいの気持ちを持たせました。坂元はチームで一番努力をした子なので使いました。努力している生徒で負けたら、もう仕方ないと思っています。打てなくても後悔ない。そういう子を使いたい。勢いに乗りましたね」

生徒の性格を掌握し、言葉をかけた。この安打が逆転へのプロローグになった。無死一塁から和田優輝がバントを失敗。捕邪飛に倒れ、勢いは失いかけたかに見えた。ベンチに戻った和田は「すいません」と何度も口にし、泣いていた。緊迫した戦況ではなく、永田は下を向く和田を見て叱った。「前進あるのみだ」と。試合よりも大事なこと、全力プレー

■第81回選抜高校野球大会　準々決勝
（2009年3月30日　甲子園球場）

## 報徳学園　6－5　中京大中京

| 高校名 | 1 | 2 | 3 | 4 | 5 | 6 | 7 | 8 | 9 | 計 |
|---|---|---|---|---|---|---|---|---|---|---|
| 報徳学園 | 0 | 1 | 0 | 2 | 1 | 0 | 0 | 0 | 2 | 6 |
| 中京大中京 | 0 | 1 | 1 | 0 | 2 | 1 | 0 | 0 | 0 | 5 |

**投手**

報徳学園：宮谷→宮本
中京大中京：堂林

**本塁打**

| | 打数 | 安打 | 打点 | 二塁打 | 三塁打 | 本塁打 | 三振 | 四死球 | 犠打 | 盗塁 | 残塁 | 失策 |
|---|---|---|---|---|---|---|---|---|---|---|---|---|
| 報徳学園 | 36 | 10 | 6 | 1 | 0 | 0 | 6 | 4 | 1 | 0 | 8 | 1 |
| 中京大中京 | 35 | 10 | 5 | 5 | 1 | 0 | 6 | 6 | 2 | 0 | 11 | 0 |

を怠るなと言いたかった。

1死一塁となったが、1番の辻建が四球を選び一、二塁。中島一夢の投ゴロで2死二、三塁となった。まだ差は1点だ。籾山雄斗の死球で満塁となり、頼りになる4番の西郷遼平が打席に入った。

「(籾山の)死球が大きかった。外野がなんで深めなんかなと思ったけど、最後は西郷が打ちましたね。彼に指示は出していません。あの回で指示をしたのはあれ(坂元への初球の直球狙い)だけ。西郷は一番うちでいいバッター。西郷に回したいというのはありました。まぁバント(失敗)は痛かったですけど」

4番が振り抜いた打球は深かった左翼の前に落ち、二人の走者が一気に生還。選手の粘り、監督の人心掌握が逆転を呼び、甲子園4強入りを果たした。この攻撃の前に永田はベンチで「おまえたちだって逆転できる」と檄を飛ばしていた。言葉は「逆転の報徳」という伝統の力を結果的に引き出した。

様々な名将から声かけのタイミングを習い、選手に伝えてきた。報徳学園の歴史も同じだ。伝統や逆転というフレーズは時に大きな力、効果を生む。

「同時に選手のモチベーションを引き出すことを意識しています。こいつはどういう選手か、と。練習のときから個人的に声をかけますね。いい選手だけどちょっと練習の手を抜いたりしたら、その中で目標設定をさせる。そこで『そんな練習で到達するのか？』とか刺激します」

自分がどのように思われているのかを理解させるのも指導法のひとつ。戒めないといけないときは、怒号が飛ぶ。永田はキャリアの中で「めちゃくちゃ怒った」選手は数多くいる。その傾向としては、能力の高い選手がほとんどだ。代表的なのは08年のエースでその後、プロにも進んだ近田怜王投手やスーパー1年生として注目され、立教大を経て、昨年西武に入団した田村伊知郎投手、02年の優勝メンバーで日本ハムにドラフト1位入団した尾崎匡哉内野手だった。

「近田は怒りましたね。体力がなかったから何度も倒れていました。田村はあきらめるというか、限界を決めてしまう子でした。尾崎も叱りました。入ってきたときからセンスがあったので体力つけさせよう、使い続けようと決めて1年生のときから鍛えました」

中でも田村のことはよく覚えている。最後の3年夏は右肩痛で登板できなかった。自分から「投げられない」と言ってきた。そのとき、永田は監督の目から教師の目に変わった。

「肩が痛いという選手に、無理をさせてまで使わない。代打、代走だっていい。その中で何かしら貢献できることがあるはずだと思って、ベンチメンバーに入れました。そういう人間的な成長をしないといけない、と思いました。なので、彼とは話し合い、『おまえはすごくいい人間だけど、足らないところもある』と伝え、大学に送り出しました。もちろん僕も足りないところはありますよ。でも、教師の目で見て、そういうところを克服したら夢は叶うと思いました」

欠けていると映った協調性、自己犠牲の精神。その大切さを学んだ田村は大学4年間を経て、プロ野球選手という夢を叶えた。

## 高校野球は教育
## 「逆転の法則」は未来に通じる

今年のセンバツで履正社に敗れた後、永田の携帯電話が鳴った。声の主は尊敬する渡辺元智元横浜監督だった。

「『良い試合だった。ザ・高校野球だね』と言っていただけて、『ありがとうございます』と返しました。僕にとっては最高の褒め言葉です。渡辺さんは人間教育の方ですから」

自分が進んできた23年の監督道は間違いではなかった、と実感できた瞬間でもあった。現在は野球部監督を退き、「顧問」として部に携わっているが、来客が来たときくらいしか練習場には姿を見せない。教え子である大角健二新監督には「自分で考えろ。おまえの好きなようにやれ」と伝えている。

「今はとくに何もしていないですよ。しているとしたら、生徒の進路のことだけです。やっぱり3年生の進路を決めてあげないといけないですから。東京の大学にもだいぶ行きました。53歳で監督を辞めて、自分の第1ステージは終了。報徳の監督は10年続かないという中で、それをやらせてもらいましたから」

まだ今のように人工芝のグラウンドや照明など、環境も整備されていない94年に就任。建前ではなく、「高校野球は教育」を強調してきた。この考えは最後まで変わらなかった。それは74年春の報徳学園初優勝のときに指揮を執っていた、福島敦彦氏が掲げていた言葉でもあった。永田は直接、指導を受けてはいないが、自らの足で福島氏のもとへ出向き、指導者としての心得を学んだ。逆転の伝統はこうした地道な一歩が道を作り、絆としてつながれていったのかもしれない。

永田は思い立ったらすぐ行動するタイプで、このフットワークの軽さが指導論の礎にもなった。今も人と会って話すことが楽しいという。

「全然違うジャンルの方と、絶えず話をしていますね。まだ体動けるし、自分の第2ステージはどうなるのかな、と。人との出会いが楽しみです。どこかの学校に行くのかもわからないし、この学校におるかもしれないし、それも人との出会い。そのとき会った人の熱意がそこにはありますから。（今後については）傾くかどうかで考えたいですね」

あるパーティーで、2004年に全日本でコーチをしたときの主将の梅田大喜さん（元明徳義塾）と再会した。「彼がえらいうれしいこと言ってくれた。先生好きでしたって。気持ち悪いわーと言いながらも、うれしかったですね。僕は怒るときは情熱込めて怒りますから」

永田は梅田さんにも、短い大会期間で高校野球を通じて大事なことを、時には厳しく伝えていた。相手の気持ちに入り込み、理解する。最後まで全力で、怠慢プレーは許さない。個の力を尊重しながらも、和を大事にする。永田にとっての「逆転の法則」はすべて生徒の未来に通じるものだった。教育と位置づける高校野球が社会の縮図であるからだ。

第4章

# 拓大紅陵
# 小枝守元監督

最終回に起死回生の逆転本塁打、
準決勝も勝ち上がり初の決勝戦進出
1992年夏の甲子園準々決勝

## 対池田戦ほか

文／石川遥輝

## 小枝守

こえだ・まもる

1951年７月29日、東京都生まれ。日大三から日大。大学２年のときに日大三の学生コーチ、76年８月に監督に就任し79年夏の甲子園に出場。81年８月に拓大紅陵の監督に就任し、92年夏に準優勝を果たす。両校を通じて春夏通算11度の甲子園出場。2014年の夏で拓大紅陵の監督を退いた。2016年４月にU－18日本代表監督になり、同年のアジア選手権で優勝した。

## 敵将の心理を読み取りサイン
## 初戦の逆転劇で自信

高校球史に残る星稜（石川）のスラッガー・松井秀喜の5打席連続敬遠。明徳義塾（高知）の奇襲に遭い、その名を全国に刻んだ1992年の夏。同じ選手権大会で一人の指揮官が、勝負師としての評価を高めた。準優勝した拓大紅陵（千葉）監督・小枝守だった。

日大三（西東京）でプレーした後、日大へ進学。母校のコーチ、監督として甲子園に出場。1981年からは千葉で当時は無名の拓大紅陵の監督に就任。1992年の夏に甲子園準優勝を果たした。その夏の初戦（2回戦）、智辯和歌山（和歌山）戦の采配では見事な「逆転勝利」。チームに勢いをつけると、決勝の舞台にまで押し上げた。瞬時に頭の中に弾き出すシナリオ、選手たちへかける言葉が印象的な戦いだった。

相手ベンチには名将・髙嶋仁が仁王立ちしていた。拓大紅陵は4回に3ランを浴びて、苦しい展開で試合は進んだ。

「3ランのダメージはありましたよ。『痛いな』という感じです。僕は試合前にまず（頭の中でイメージをする）インナーゲームを1試合します。実際にやったときとイメージの差が出る。そこをどういうふうに立ち向かうか、そのときそのときの選手の状況、相手の状況もある。監督同士の立場、心理状態が読めるときというのは、やっぱり、いい試合になっていますね」

勝負所を睨みながら、まず手を打ったのは5回だった。6番・木内敬が右中間三塁打を放った。8番の杉本忠にスクイズのサインを出した。

「スクイズをさせてもらえるか、させてもらえないか。言葉は悪いかもしれないけれど、網を打ちました。もし相手が3点を死守する、1点もやらないという方向で来たら、うちに勝ち目はなかった」

ベンチで小枝は隣にいた澤村史郎部長（現拓大紅陵監督）にささやいた。

「（相手投手は普通ならボールを）外してくる。ここ定石だったら（スクイズ警戒で）外し。でもスクイズをやれたら、今日行けるかもしれない」

小枝は当時を回想する。

「そうしたら、スクイズをやらせてくれたんです。相手に見え見えだった。スコアは1－3になりました。行けると思いました。そうしたら澤村部長は『何でですか?』と言ってきた。まぁ、見てなよ、と」

このスクイズでの1点が思った以上に簡単に取れたため、小枝は勝利へのシナリオを書き直し始めた。

3点リードの相手は1点を与えてもOK、アウトカウントをひとつずつ取っていくというシフトだった。1点を固守してはこない。それならば、試合は動くと判断。これ以上相手に点を与えなければ勝機が来ると、小枝は思い描いた。

「こういう展開になれば、次のチャンスで行ける、と読む。それで次の手を打つわけです」

すぐに好機は訪れた。6回1死から敵失で布施正明が出ると、すかさず小枝は二盗のサイン。得点圏に走者を進め、4番の紺野恵治が右中間へ適時三塁打。これで1点差となった。続く5番は後にロッテへ入団する2年生スラッガー・立川隆史。チャンスを逃さず、中前打で同点とした。試合が音を立てて動いていくのを小枝は感じ取っていた。

続く木内。チーム屈指の足の速さを持つ左打者だ。打撃に波があったため、小枝は練習からショートゴロを打たせることを徹底させていた。木内の特徴は右方向に打球が飛ぶときは体が開いてしまっていることが多く、好調が長続きしない。体を開かないようにするために、小枝がショート打ちを叩き込んでいた。必ずショートゴロ（反対方向へ）を打つ意識で転がし、セーフになるくらい全力疾走するように指導してきた。

「一塁走者は立川。木内のときにエンドランをかけました。インサイドの低めのボールだったんですけど、体が開かないから、うまく〝パーン〟とバットを払った。そうしたら切れずに打球がライト線に入ったんです」

立川も木内も懸命に走った。立川が三塁に止まると思えたが、打者走者の木内が好判断を見せた隙に本塁へ突っ込んだ。

「二塁へ行くまでの間に木内が大きな声で『ワァーッ』という声を出していた。それが聞こえたのか、右翼手からの返球を受けた中継の球は、二塁に返ってきた。そうなると（カットプレーが）〝く〟の字のラインになるんです」

カットマンは野手が打球を処理した地点から、本塁への最短距離を直線で結ぶ線上に入る。しかし、カットマンは一塁走者だった立川が三塁で止まると予測し、打者走者が大声を出して二塁に向かっていることに反応し、二塁へ送球した。

「こういう練習をずっとやっていました。二塁打コースで返球が〝く〟の字になった場合は本塁を突けよ、と。立川はそれでホームを狙い、セーフになる。注文相撲になってしまいました」

このイニング、流れるような攻撃と采配で3点を奪い、逆転に成功した。

「甲子園というところはがんばった選手がヒーローです。そういう攻防、シナリオを作るのは監督同士だと思います。そこに選手が監督と同じ呼吸で動いてくれれば本当にいいゲームになります。この試合はたまたまですけど、選手と監督の間で意思疎通ができていた」

ただ、これも紙一重だった。小枝は後に練習試合で智辯和歌山を訪れたときに、このときの試合の話をした。流れが傾いた5回の拓大紅陵のスクイズの場面。髙嶋はバッテリーに外す指示を出していたと言う。智辯和歌山バッテリーがもう少し、30センチでも外に投げていれば空振りだったかもしれない。改めて、このゲームのポイントの場面だったと実感した。

「今、将棋がブームになっていますけど、読み合いですよ。最近の甲子園ではあまりないのかなという気はしています。強打、強打でいくのが多くなってきているでしょう？　でも、どういう作戦をチョイスするのか、してくるのか。それがこの試合にはありましたね」

小枝が拓大紅陵にやってきたとき、千葉は習志野、銚子商業、東海大浦安と県内では強豪がそろっていた。この地で勝負していくためにはどうすればいいのか、割って入っていくためには何をすべきかを考えた。選手は毎年代わるが、監督は代わらない。そのため監督の気質、クセ、仕草、精神状態によって、どのような采配を執るのかをベンチやネット裏から分析し、頭の中に叩き込んだ。敵将が動揺を見せたときに打つ一手。それを素早く弾き出す。これが小枝の采配の妙でもあった。

再び、話を智辯和歌山戦に戻す。6回ついに逆転に成功した拓大紅陵。とはいえ、リードはたった1点。ここから捕手出身の小枝はバッテリーに逃げずに真っ向勝負、強気で攻めることを指示した。

「どんな展開でも逃げたらつかまる。土俵を割るまで頭を付けて押すしかない。髙嶋さん自身も、もう一回逆転できると思っていたと思う。でも、追いかけようとすると、苦しい部分が先に来る。変化球も少し甘いかなというのはどんどん振ってくる。それならば力のある変化球は甘くても打ち損じてくれる。ボールも振ってくるから、うまくボール球を使って組み立てろよとは言いましたね」

捕手の伊藤俊一郎は、小枝が自分の野球観をこれでもかというほど注入した一人。伊藤の存在なくしては、豊富な投手陣の甲子園での活躍はなかった。伊藤には独自の指導で自信を植え付けさせていた。

■第74回全国高校野球選手権大会　2回戦
（1992年8月15日　甲子園球場）

拓大紅陵 4－3 智辯和歌山

| 高校名 | 1 | 2 | 3 | 4 | 5 | 6 | 7 | 8 | 9 | 計 |
|---|---|---|---|---|---|---|---|---|---|---|
| 智辯和歌山 | 0 | 0 | 0 | 3 | 0 | 0 | 0 | 0 | 0 | 3 |
| 拓大紅陵 | 0 | 0 | 0 | 0 | 1 | 3 | 0 | 0 | x | 4 |

投手

智辯和歌山：石井→楠
拓大紅陵：杉本→冨樫

本塁打

智辯和歌山：藤田

| | 打数 | 安打 | 打点 | 二塁打 | 三塁打 | 本塁打 | 三振 | 四死球 | 犠打 | 盗塁 | 残塁 | 失策 |
|---|---|---|---|---|---|---|---|---|---|---|---|---|
| 智辯和歌山 | 31 | 8 | 3 | 0 | 0 | 1 | 12 | 1 | 5 | 0 | 7 | 1 |
| 拓大紅陵 | 27 | 8 | 4 | 1 | 2 | 0 | 1 | 2 | 3 | 1 | 4 | 1 |

「（伊藤が）円形脱毛症になるまで仕込みました。休み時間になるとぐったりして、廊下に座り込んでいる姿も見かけました」

小枝は、伊藤のことを褒めることはほとんどしなかった。配球やデータを叩き込み、クセ読みなどもさせた。指導の通りにやらなければ、厳しく叱責した。その繰り返しだった。

ところが、夏の地方大会が始まる前の6月の練習日。小枝は突然、伊藤のことを褒め始めた。

「『うまい！』『もう大丈夫だ！』となんでもないときに言いました。何かをしたわけではありません。『あとはもう、おまえの好きなようにやれ』と伝えました。僕にとっては勝負ですよね。いつも怒られっぱなしの子が突然、褒められたらどうなるか。うれしい気持ちになると思うんです。これを伊藤の成長のためにやりました」

大会に入れば相手監督との睨み合いになるが、入る前までは子どもたちとの勝負であり、競争の時間だ。駆け引きをしながら、同じゴールを目指すという意識付けの期間、これがチームを作る上で、極めて重要なのだ。

大会直前で自信が芽生えた伊藤は、甲子園でもリードが冴えた。うまく相手の智辯打線を料理し、3ランを打たれて以降は無失点を重ねていく。智辯和歌山を逆転した直後の7回には、2番手でマウンドに上がった富樫富夫が無死一、二塁のピンチを招いたが、相手のバントミスなどで救われた。杉本、富樫のリレーで粘る智辯和歌山を振り切った。伊藤の好リードが、強力智辯打線を4回に浴びた3ランのみに抑えたのだった。

伊藤は、続く3回戦の佐世保実（長崎）戦も3投手をリードし、村田善則（現巨人バッテリーコーチ）が4番に座る強力打線を完封。決勝戦まで好リードを続け、快進撃の立役者になった。小枝の教えを胸に、伊藤は大学（筑波大）に進んでも野球を続けた。

「筑波に僕が挨拶に行ったとき、大学の監督が『小枝さん、うちには（捕手が出す）サインがたくさんあるけど大丈夫かな、覚えられますか？』と心配していた。伊藤にその後『そんなにサインが多いのか？』と聞きました。そうしたら、『うち（拓大紅陵）の3分の1の数ですね』と（笑）。そうか良かったなってなりました」

小枝は選手の力量をその目で見極め、巧みな言葉で能力を引き出していった。

## 4投手が甲子園で全員白星
## 立川の成長　光った選手起用

智辯和歌山との一戦では杉本が6回を投げ、エースナンバーのサイド右腕・富樫のリレーで勝利。3回戦の佐世保実戦でも杉本が先発したが、2回途中4四球を与えて降板。2番手の強心臓左腕の多田昌弘が、7イニングを無失点に抑えて2－0で勝利。準々決勝では背番号3の4番打者、アンダースローの紺野が池田（徳島）を相手に1失点完投、2－1で勝利。準決勝の尽誠学園（香川）は富樫が8回2失点（自責点1）、9回を多田が1イニング2失点するも5－4で勝利。決勝の西日本短大付（福岡）は、紺野が8回1失点の好投も0－1で惜敗。準優勝に終わったが、タイプの違う4投手がすべて甲子園で勝利投手になるという珍しい現象が起きた。

「試合が選手を育てるということはよく思うのですが、あの年の投手陣は決して良いとは思っていませんでした。ただ、出て行く選手は使命感を持ってやってくれました。それ以降、（自身で行っている）講習会でも言うようになったのですが、選手のいいところは最大限に使ってあげないといけない」

エースナンバーを背負った富樫は、先発でも抑えでも奮闘した。肩が非常に強い投手で、毎日投球練習で２００球近く投げていた。元々上手投げだったが、６月中旬の練習試合で小枝は「横手から投げたい」と富樫に言われた。小枝は少し考え、それを許した。

「前の試合で地元の大会があったんですが、そこで負けた。そのあとの試合でした。富樫は投げるのが苦しくてそういうふうに投げ方を変えたいのか、ストライクを取るためには横のほうがいいと考えたのか、と私は考えました。苦しくて変えるんだったら、もっと前にやっているはず。ストライクを取るために自分なりに考えたんだと思った。私としては、当てにしていないところもあったんですけどね（笑）」

大会直前の選手本人の決断を小枝は尊重した。結果、新たなリリースの位置から感覚を摑み、富樫は面白いようにストライクが入るようになった。練習試合は１時間35分という短い時間で終了。相手打線を完封した。サイドから繰り出されるボールは多彩な変化をし、甲子園でも的を絞らせない投球につながった。

シンデレラボーイのような活躍をしたのは紺野だった。地方大会では背番号18の控え選手。5回戦の船橋法典戦で運命が変わった。10－0と大量リードしていたため、小枝は控え投手を起用したが、じわじわと追い上げられ、4点差の10－6まで迫られた。相手の勢いを感じた小枝は、思い切って紺野をマウンドに送った。

「一球でダブルプレーを取ってきたんです。打撃のほうも（試合で）使えば打つ。千葉の決勝は紺野の本塁打で勝ちました」

拓大紅陵は、二松学舎大沼南との決勝戦も逆転勝利で甲子園切符を摑んでいた。1点をリードされたが、相手の守りのミスで4回に同点。8回、相手左腕から紺野が逆転となるソロを左中間席に放り込んだ。その強運を生かさない手はない。甲子園では背番号3を与え、4番に座らせた。さらに投手としても大車輪の活躍だった。

「彼も上手投げだったんですけど、投げ方がアーム式でした。肘がなかなか出てこないので、上手投げだときついなと考えていました。なので、アンダーハンドに変えました」

アーム式とは、テイクバックのときに肘を完全に伸ばし、その後、肘を曲げずに投げる投法のことを言う。この形で成功する者もいるが、制球を乱してしまうことも多く、成功例は少ない。小枝は紺野をアンダースローに変えて、結果的に甲子園で好投する投手にまで成長させた。アーム式の投手はアンダースローにするとメカニック的にはまり、力を発揮するということを学んだ。後にこの改造が大成功と思える活躍をした紺野だったが、実は以前から指揮官にとっては思い入れのある投手だった。

新チームになって間もない頃、拓大紅陵は古豪の静岡高（静岡）とダブルヘッダーで練習試合を行った。紺野を先発させたが、静高打線につかまり完敗だった。

「1試合目に紺野を完投させたら、〝今日はこれで終わりだー〟という雰囲気で、お昼ご飯を食べようとしていた。納得いかない負けだったので、その態度を含めて叱りました。そして、『もう1試合行け』と第2試合も投げさせたんです。紺野は2試合目も投げて、今度は勝った。この子は使い減りしない子なんだな、体も柔らかいんだなということに気づきました」

個性あふれる軍団の一人ひとりの特徴や性格を分析し、良いところを見つけては伸ばしてきた。戦術、考えを体中に染みこませ、従わない者は叱責する。監督自身も選手と同じスピードで過ごし、関係性を築いてきた。

「私も甲子園を経験したり、（解説者として）見たりして40年近く過ごしてきましたけど、マウンドから監督に向かって、投手の交代を制止する選手を見たのは紺野が初めてだった。『大丈夫だから』って、来ることを拒んだんです」

決勝の西日本短大付戦で、先発・紺野からの投手交代を考えていた小枝だったが、マウンド上からストップをかけられた。譲らない、一人で投げ切るという強い意思を感じた。

「夏の大会は選手の気持ちを尊重しないといけない。子どもだって成長していくので、自我が目覚めている。彼らは自分ら指導者の言うことを聞きたくないのではなく、聞くけれど、この場面で自分ならこのように考えるという気持ちが出てくる。それを許すゆとりがあるかどうかだと思います」

自分たちの時代の考えを現代に置き換えて、押し付けてはいけない。叱責し続けてきたナインだったが、それを乗り越えて強くなっていた。甲子園、それも決勝の大舞台で、主張できる選手もなかなかの強心臓だ。小枝は紺野の意図を汲み取り、交代させずに続投させた。

バラエティに富む投手陣がいる一方で、小枝が「力量はチームNO・1」と認めていたのが、2年生でスタメン出場していた立川隆史だった。後にロッテへドラフト2位で入団するこのスラッガーを、小枝はそばに置いて心身ともに育て上げた。その苦労が、甲子園の大舞台で恩返しとなって報われた。

立川は中学3年生の頃、親の仕事の事情で、高校入学まで小枝の自宅で暮らしていた時期があった。まだ高校野球の厳しさや上下関係を知らない15歳の少年・立川は、部屋で横たわりながらテレビを見ていた。小枝は拓大紅陵の教え子たちを自宅に招くこともあったため、将来の先輩・後輩関係となる面々と顔を合わせることになったのだ。すると、立川は次の日からテレビを正座で見るようになるなど、早い段階から礼儀を叩き込んだ成果が出てきた。小枝は、その変化を逐一見ていた。

「立川は力も技もあるけど、気持ちがのんびりしている。やんちゃできかん坊なところはあったけど、上手にコレを使えたら面白いんじゃないかなと思った」

大きな期待を寄せていた一方で、練習を手抜きしたり、横着したりしたらお灸を据えてきた。

「他にも上級生面《づら》したりすると、こちらがOKと言うまで我々のいるグラウンドに入るな、と命じました。長いときは1か月くらい、練習から締め出します。でも、そうして復帰すると、試合ですぐにホームランを打つんです」

どういうことか。小枝の種明かしによると、「我々と一緒のグラウンド」というのがミソ。監督がいなければグラウンドに入ってもいいという〝抜け道〟を用意していた。立川は指揮官の目を盗み、全体練習の前後にナインの協力を仰ぎ、自主トレをしていた。小枝は立川の心を刺激しながら、持っている力を引き出していった。その人心掌握術の結果、一振りで決めた逆転アーチが誕生するのであった。

## やまびこ打線・池田のお株奪う檄に応えた立川の逆転弾

準々決勝・池田戦では、相手の好投手右腕・宮崎聡の前に拓大紅陵打線は封じられていた。8回までヒットは4本の無得点。

紺野も宮崎に負けまいと好投を続けていた。小枝は、かつて水野雄仁、畠山準らの時代から「やまびこ打線」と呼ばれた池田のパンチ力にはかなわないと、変則投手の紺野を起用。アンダースローから浮き上がってくる球は、そうそう打てないと判断したのだ。狙いは見事に的中した。紺野は5回に失った1点のみに抑え、味方の援護を待った。そして最終回、4万人の大観衆は逆転劇の目撃者となる。

先頭の4番・紺野が四球を選んで出塁。小枝は、続く5番の立川に向かって大きな声をかけたが、歓声にかき消されてしまっていた。

「聞こえてなかったようなんで、今度はタカシー！　と下の名前で叫んだら振り向いた。彼も口をパクパク動かしながら、何かを言っていた」

■第74回全国高校野球選手権大会　準々決勝
（1992年8月23日　甲子園球場）

**拓大紅陵 2－1 池田**

| 高校名 | 1 | 2 | 3 | 4 | 5 | 6 | 7 | 8 | 9 | 計 |
|---|---|---|---|---|---|---|---|---|---|---|
| 拓大紅陵 | 0 | 0 | 0 | 0 | 0 | 0 | 0 | 0 | 2 | 2 |
| 池田 | 0 | 0 | 0 | 0 | 1 | 0 | 0 | 0 | 0 | 1 |

**投手**

拓大紅陵：紺野
池田：宮崎聡

**本塁打**

拓大紅陵：立川

| | 打数 | 安打 | 打点 | 二塁打 | 三塁打 | 本塁打 | 三振 | 四死球 | 犠打 | 盗塁 | 残塁 | 失策 |
|---|---|---|---|---|---|---|---|---|---|---|---|---|
| 拓大紅陵 | 32 | 5 | 2 | 1 | 0 | 1 | 6 | 2 | 1 | 0 | 6 | 2 |
| 池田 | 33 | 6 | 1 | 0 | 1 | 0 | 3 | 5 | 0 | 1 | 10 | 1 |

小枝には立川の口の動きが「バントですか?」と問いかけているように見えた。すかさず、言い返した。

「バカヤロー! ホームランを打ってこい!」

二度と同じ失敗はしない――。

小枝は、前回出場した1988年夏の3回戦・浜松商（静岡）戦を思い出していた。惜しくも1点差で敗戦。このときも、当時の4番打者に思い切ったスイングをしてほしいという願いを込めて「ホームランを打ってこい!」と打席に送り出したが、その選手は真面目な性格だったため、しっかりミートすることを最優先した。最低、外野フライで1点をと目論んでいたが、外角の球を当てるようなバッティングになってしまい、サードライナーに倒れた。当時も優勝候補として名前が挙がっていたが、8強を前に姿を消した。

だからこそ、92年夏は「バカヤロー!」という言葉をつけることで、打者のハートを刺激させ、フルスイングさせるようにし向けた。このチャンスを逃したら、もう勝ち目はない。かつての〝居候〟にすべてを託した。

初球。真ん中高めのストレートだった。快音を残し、打球はレフトスタンドへ一直線に吸い込まれていった。値千金の逆転2ランだった。池田のお株を奪うような豪快アーチ。一球で試合をひっくり返し、試合を決めた。

小枝は立川の本塁打の軌道を見ながら、ある暑い日の練習試合の記憶をよみがえらせていた。1986年秋。小枝は故・蔦文也監督率いる池田へ出向いた。試合は5本塁打をぶちかまされ、完敗だった。

「最後のほうはもう『よく飛ぶなー』って見ていました。ショートフライかなと思っても、（豪快な）スイングを見てレフトが下がってしまう。それで（内外野の）間に落ちてヒットになったりもしました」

驚いたのは打撃だけではなく、ハートの強さもだった。拓大紅陵の選手が攻撃で二塁にいたとき、池田の野手に挨拶代わりのように「暑いな」と声をかけると「バカ抜かせ。これくらいの暑さでグズグズ言っていたら（優勝）旗なんか獲れない」と気合を入れられたという。

「あのときの池田高への遠征は、そういうのだけでも価値がありました。甲子園で勝とうとする選手の気構えはどういうものかを学べた」

その後、選手たちが自身に何が足りなかったのかを理解し、自分たちで練習を積んだ。投手ならば、最後のリリースのときに、指先に込める力がないと簡単にホームランを打たれてしまうなど、選手たちが肌で感じたものを自分のものにしようと必死だった。

そんな池田を、拓大紅陵は本塁打で沈めたのである。

「『9回は絶対に逃げるな、ゲームセットまでわからない』と最後までバッテリーに気を抜かさずに、三者凡退で試合終了。監督冥利につきる逆転勝利でした。無策で行くことはないので、試合は押したり引いたりの展開だった。立川は4打数3安打でした。この男も並みじゃないということです」

池田戦の逆転勝利には、思わぬところから小枝を称える声が届いた。

「小枝君、完勝だよ。やっと勝負師になったね」

いきなり甲子園球場内で声をかけられた。イスに座っていた年輩の男性。よく見ると蔦文也氏だった。偉大な監督の一言に心が躍った。

実況を担当していたアナウンサーからは、「野球の醍醐味を感じさせていただきました。『頼りになる打者に賭けをしない監督はいない』とバントなどの策に出ずに選手を信じ、その信じた選手が期待に応える。この信頼関係の構図が見ていて気持ちが良かった」と言われた。試合の主審からは「池田の投手の失投は一球しかありませんでした。立川君の本塁打のあの一球だけです」と甘い球を見逃さなかった選手の力を絶賛された。

逆転弾の一球には、様々な思いが生まれていた。試合後、小枝は立川に聞いた。大歓声にかき消されていた自分の指示は聞こえていたのか、と。

「（立川は）『僕がバントですか？』と聞いたら、監督は『ホームランを打ってこい』と言っていたじゃないですか、と。これがピッタリ合うんですよね。選手と指導者の間、気心は触れ合うんだなと思いましたね」

## だれもが知る『チャンス紅陵』小枝が依頼したオリジナル曲

心が通じ合えば、大きな力になる。この夏の快進撃も吹奏楽部の力は大きかった。

「顧問の吹田（正人）先生のセンスがいいんですよ。風呂上がりに作っちゃうんですから。すごい。たしかＣＤも４枚くらい出していると思いますよ。すごい才能です。野球応援はＮＯ・１です。上手に奏でるというのではなく、これぞ応援だっていう演奏をされる先生です」

今では全国の学校の応援で耳にする「チャンス紅陵」。全国優勝経験のある桐生第一（群馬）や同じ千葉の木更津総合らも甲子園で奏でており、高校野球ファンならだれもが知っているメロディーだ。だが、元々は吹田正人が拓大紅陵赴任２年目に作った曲だったのだ。小枝は懐かしそうに振り返る。

「拓大紅陵に勤務するようになって、自分が『頼みがあるんだ。うちの高校にしかできない曲を作れるか？』と吹田先生にお願いしました。グラウンドもスタンドもみんなが一緒になれるものがないか、と」

小枝が赴任した頃の拓大紅陵は、元々いた日大三を辞めて学校を移ってきた選手や、遠方から通うなど負い目を感じている生徒が多いと感じていた。活気のある学校にしたい、と小枝は甲子園出場を目標に掲げた。そのためには音楽は必要不可欠だった。小枝の意図を汲み取った吹田は、小枝とスクラムを組んで動き出すことを決めた。

「意気に感じてくれてね。胸張れるものを作りたい、がんばりたいです、と言ってきてくれた」

吹田も音楽の道に進む前は、野球をプレーしていた。しかし体を壊してしまい、野球を断念。「野球部に近い場所にいたい」という思いから、吹奏楽に目覚めた。大学時代はバンドを組み、ドラムを演奏。持ち前のリズム感覚から、小気味よいテンポの名曲が生まれた。「チャンス紅陵」「燃えろ紅陵」など、小枝の「もっと作ってほしい」という要求も喜んで引き受け、曲作りに没頭した。

近年、高校野球の応援曲はムーヴメントになり、CD化や演奏会が各地で開かれるようになった。2017年4月9日には、東京・渋谷のNHKホールで「ブラバン！　甲子園ライブ〜1都3県編」が開催された。拓大紅陵、浦和学院、日大三、横浜の強豪4校が競演した。小枝は夫人と〝観戦〟に訪れた。

「どの学校もオリジナル曲を持っているんですが、拓大紅陵はすべてオリジナルだった。選手たちを鼓舞するあの音楽は、僕たちの学校なんだという誇り、プライドを持っている応援ですよ。それは選手のプレーにも乗り移ります。ベンチで口ずさみますし、攻撃のときにはステップを踏んでいますよ。そういう中で一体となっています」

千葉では拓大紅陵だけでなく、習志野の応援もレベルが高いことで有名だ。両校が対戦すると、試合は地響きがする。チェンジになるたびに応援合戦になるため、観客は楽しめる。

「習志野は普段は50人くらいなんですけど、相手が拓大紅陵と聞くと200人くらい吹奏楽部員が来ることがある。相手の応援が、ベンチに立っている僕に真っ直ぐ音が当たるから嫌なんですよね。耳に入りますよ」

甲子園の池田戦。立川が逆転2ランを放ったとき、小枝の記憶によると「燃えろ紅陵」が流れていたという。

「あの曲を聞くと嫌だなというのは相手にあるんだと思います。池田戦では『燃えろ紅陵』を演奏していたときに打ったので、池田の同県のライバルである徳島商業から電話が来た。この曲の譜面をください、池田の嫌がる曲をやりたいんです、と連絡があったんです。高校野球界が盛り上がるなら、と吹田先生と相談して、徳島商業に手渡しました」

今では、智辯和歌山の『ジョックロック』が魔曲と呼ばれているが、拓大紅陵にも相手心理に迫っていくメロディーがあるのだ。

力強い応援団とともに、頂点を目がけて駆け上がった。準決勝の尽誠学園戦も僅差で勝利し、迎えた西日本短大付との決勝。鉄腕・森尾和貴と紺野の投げ合いで試合は0－1。1点ビハインドで9回へ。逆転を信じるアルプス席の応援を受けて、拓大紅陵は2死二塁のチャンスを迎え、打席に立川が入った。だれもが池田の劇的アーチを思い出し、再現を期待した。

「あのシーンをもう一度、とその気になっていましたね。池田戦のときにはなかったんですが、欲が出た。その欲で、少し立川も差し込まれてしまった」

同じようにはさせまいと、最後まで気合十分の森尾のボールに立川は三飛に打ち取られ、ゲームセット。拓大紅陵は敗れた。ただ、この場面に悔しさはない。スコアは0－1の大接戦。しかし、次につなげるために反省すべき点は他にもあった。

「僕はもっと大差でやられると思っていました。力の差がありすぎました。勝とうとも思えなかったくらいです。相手の4番の中村（寿博）君は打球が違うし、森尾君も143、4キロの直球を投げる。でも勝ちたいから、どこかに隙はあるだろうと思ったけど、見当たらない」

決勝戦前夜、小枝は一睡もせずに戦略を練ったが、活路が見出せなかった。弘法も筆の誤りではないが、相手が自滅するしかないのか。さらに決勝戦前に負傷者が続いた。ポイントゲッターでもある6番打者の丹野雅士が、佐世保実戦でファウルボールを追ったときにフェンスに激突。ケガをして試合には出られなくなっていた。想定外だったのは1番の俊足・今井達雄が、ケガを隠して決勝戦を戦っていたことだった。

3回。少ないと思っていたチャンスがやってくる。2死から今井の打球は右中間を破った。小枝はとっさに三塁打を想定した。しかし、今井の姿が三塁を見てもいない。打者走者の今井は二塁でうずくまっていた。思えば、シートノックでも二塁の守備で違和感があった。両ひざをついてボールを捕球していた。

「聞いたら疲労性の腰痛でもう限界でした。泣きながら腰を押さえていた。それでも2安打しているのですが、試合で策が取れない分、(今井の打席や出塁が)空回りしてしまいました」

ここまで小枝の冴える采配で試合を動かしてきたが、決勝では力の差を感じ、さらにメンバーはベストな布陣で臨むことができず、用兵もうまくいかなかった。小枝は何もすることができなかった。最少失点で食い止めろという話しかできなかった。最後までチャンスを作るも、反撃できなかった。

「正直、ほっとしました。いくら決勝とはいえ、0－1で負けるのと、0－7で負けるのとでは違います。それにもし池田のときのように決勝戦も逆転で優勝していたら、今の自分はなかったかもしれない」

甲子園を終えて千葉に帰る新幹線の車中、小枝は澤村部長に伝えた。学校内では大健闘、次こそ優勝という機運が高まっていたが、指揮官は違った。

「もう一度、チームを振り出しに戻そう、と。部長は『何を言っているんだろう』という顔をしていましたよ」

勝てばなんでもいいということではない。小枝の中で高校野球は勝つことが目的ではなく、人間教育をすること。勝った勢いのままでいると、野球だけやっていればいいと勘違いする選手が出てきてしまう。小枝は決勝戦の負けで自分を見失わずにいられた。もし、決勝で勝っていたら、拓大紅陵は野球学校になり、小枝も教育者としての権威を失っていたかもしれない。

「もしも野球学校になっていたら、甲子園の出場回数は増えていたかもしれない。でも、失うほうが大きいかもしれないです。なので、後悔はしていないですよ」

## 甘言は人を腐らす あくまで基本は「人間教育」

先日、小枝は3年前まで指揮をしていた拓大紅陵のグラウンドに姿を見せた。赴任当初は草むしりやグラウンドをならし、一人でバケツを持って整備していた思い出深い場所だ。部員に言葉をかけてほしいと指導者からお願いされた小枝は、日大三、拓大紅陵で指揮を執った33年間で生徒にかけていた言葉の一部を伝えた。

「なぁ、みんな。鉄に雨水が当たったらどうなる？　さびるよね。人間は甘い言葉ばかりで、誘惑に踊らされたら心はどうなる？　緩むよね。さびは鉄を腐らす。甘言は人を腐らす」

夏の大会を迎えれば、ベンチ入りメンバーの選出が始まる。選ばれなかった選手は悲しみ、周りから優しい言葉をかけられるかもしれない。外れた選手は愚痴もこぼすかもしれない。ただ、それではいけない。メンバー外の選手がチームのバックアップをすることは、選ばれた選手よりも大きい人間でないとできないのだ。「愚痴をこぼす前にやるだけのことはやりなさい。本当につらいのは君たちじゃなくて、選ばなくてはいけない指導者なのだから」

小枝は社会科の教諭だが言葉力に定評がある。卒業していく部員たちには一人ひとり、直筆でメッセージを伝えていた。ベンチに入れられなかった選手には「社会のレギュラーになりなさい」。高校野球の経験を生かして、一般社会に出た後に主力選手として戦えるようになりなさいという意味だ。その言葉を胸に経営者になった者もいる。「『辛』いという漢字に『一』を加えれば『幸』せになる。辛いと幸せは紙一重だ」。

「子どもたちはひとつにまとまったとき伸びます。バカとか怒鳴ったり、首根っこを摑んで言うことを聞かそうとしたり、といった雰囲気でやっているだけではいけない。（言葉を）与えてやらなかったら伸びるものも伸びはしないです」

小枝は、日頃から野球や教育を通して人間形成をし、選手たちの特徴を理解してきた。その確かな目と指導力に白羽の矢が立った。日本高野連の技術振興委員を経て、昨年、高校日本代表の監督に就任した。昨年8月30日から台湾・台中で行われたU－18（18歳以下）ＢＦＡアジア選手権に出場。18人のメンバーのうち10人が後にプロ入りするという強力なメンバーを率いて、日本代表を2大会ぶり5度目の頂点へと導いた。

「大きい大会になればなるほど、残塁を少なくする必要があります。今の野球では強攻、強攻なので、そういう感覚でやっている野球は少なくなってきていますが、私は違います。残塁を少なくしようとするのは生きてくる。1点をおろそかにしたら1点に泣きますから。筋書きのないドラマというけれど、すべて伏線がある。勝てる監督はそれを無意識に知っているんだと思います」

この大会、1次リーグは香港（19－0）、台湾（3－0）、インドネシア（35－0）という3つの国と地域に対して、一度のリードも許すことなく圧勝した。2次ラウンドも初戦の中国には8－0で快勝。

そして、大一番といえる宿敵・韓国との試合を迎えた。勝てば決勝リーグ進出が決まる一戦だ。しかし、日本は初めての失点をしてしまう。3回に先発の花咲徳栄

SUZUKI
8
31

（埼玉）の高橋昂也（現広島）が1点を失ったのだ。しかし4回に3得点を挙げ、逆転に成功。この大会でもっとも落としてはいけない一戦だったが、小枝の采配が冴えた。思い切って打順を変更。これまで中軸を打っていた秀岳館（熊本）の松尾大河（DeNA）を1番に抜擢。その松尾が逆転を導くヒットを放つなど3安打の活躍。打順変更も投手起用もはまり、3－1で勝利した。

「この大会期間中、高橋の調子が良かったけれど、いつ使おうかと考えて韓国戦と決めていた。5試合目での初登板で間が空いてしまったけど、よく投げてくれましたよね。松尾も気が強い選手ですから、韓国相手にぶつかっていってくれると思っていました」

小枝は、それまで調整登板させることなく、高橋をぶっつけ本番で韓国戦に起用。少しでも相手に高橋のデータを取らせないように、試合だけでなく投球練習すら外のブルペンでやらせないようにしていた。打順が代わった松尾にもプレッシャーがかからないように声をかけ、これまで1番を打っていた智辯学園・納大地のケアも欠かさなかった。その納が決勝の台湾戦で試合を決めるタイムリーを放ち、1－0で日本は優勝を決めた。小枝の味わい深い采配が際立った。

高校日本代表は、今年の9月にカナダ・オンタリオ州サンダーベイで行われるU−18ワールドカップに出場する。小枝は今年も侍ジャパンの指揮を執る。U−18のワールドカップで日本はまだ優勝がない。日本開催だった前回大会は準優勝に終わっている。今年は悲願達成を目指す。

甲子園、地方大会決勝、そして国際大会。大事な局面で小枝も逆転劇を目の当たりにしてきた。なぜ、逆転劇が起きるのか。起こすことができたのか。小枝に単刀直入に聞くと、答えはシンプルだった。

「負けを考えてないからでしょうね。最後まで勝つことを前提に自分の頭の中でシナリオを組んでいるからだと思います」

いくつも描くシナリオの中には、世界の頂点へ導くイメージも経験をベースにできている。そのために選手の性格の掌握、プレースタイルを理解するという準備に小枝は球場へと足を運ぶ。

第5章

# 智辯和歌山

# 髙嶋仁監督

魔物は二度笑った、
大逆転に次ぐ大逆転の壮絶な打撃戦
2006年夏の甲子園準々決勝

**対帝京戦**ほか

文／萩原晴一郎

## 髙嶋仁

たかしま・ひとし

1946年長崎県五島列島生まれ。長崎海星で投手兼外野手として夏の甲子園に２回出場。日体大卒業後、1972年から智辯学園（奈良）監督に就任。その後、1980年から智辯和歌山の監督を務める。両校を通じて甲子園春夏の通算63勝は史上最多。智辯和歌山では春１回、夏２回の甲子園優勝を果たす。プロ野球選手も数多く育てており、主な教え子は武内晋一、西川遥輝など。

## 甲子園の勝ち方を甲子園が教えてくれた

２００６年の夏――。

甲子園の決勝戦は延長15回で決着がつかず、１９６９年夏の松山商業対三沢以来の決勝引き分け再試合となった。日本の高校野球ファンの目は、マウンドで雄たけびを上げる二人のエースに釘付けになっていた。

一人は、史上二校目の夏三連覇（一校目は１９３１～33の中京商）を目指す駒大苫小牧の田中将大。そしてもう一人は、長い戦いを一人で投げ抜いてきた早稲田実業の斎藤佑樹だ。

ふてぶてしいまでの圧倒的なピッチングで、相手打線を封じ込める田中と、疲れを表に出さず、ポケットから取り出したハンドタオルで汗をぬぐいつつ、飄々と投げ続けた斎藤。二人の主役によって、２００６年夏の甲子園はいまだ語り継がれる伝説の大会となっているが、今回取り上げるのはあの決勝戦ではなく、準々決勝で繰り広げられた智辯和歌山対帝京の大逆転劇である。

智辯和歌山・髙嶋仁監督、帝京・前田三夫監督。名将率いる東西の雄の対決は、まず最終回の9回表に帝京が4点差を跳ね返し大逆転（一挙8得点で逆に4点差をつける）。しかし、裏の攻撃で智辯和歌山がその4点差をさらにひっくり返すという離れ業をやってのけ、劇的なサヨナラ勝ちを収めた。

両チーム計29安打25得点の球史に残る乱打戦。智辯和歌山の1試合5ホーマーは大会史上最多であり、両チーム合計7ホーマーも大会新記録。さらに4点差をひっくり返す逆転サヨナラ勝ちも、夏の甲子園最大得点差として今でも記録されている。試合終了後は両チームともに疲労困憊の虚脱状態。まさに〝死闘〟と呼べる、壮絶な試合だった。

2017年、夏の予選（和歌山大会）の抽選会直前の6月下旬。JR西日本きのくに線黒江駅から歩くこと20分あまり。私は智辯和歌山の髙嶋監督に会うため、小高い丘の上にそびえる智辯和歌山高校の校舎を目指した。

甲子園春夏最多の63勝を誇る名将・髙嶋仁監督は、校舎の横にある練習前のだれもいないグラウンドの三塁側ベンチにいた。陽に焼けた和やかなその表情は、甲子園で見る〝闘将〟のそれとはまるで別人である。しかし、破顔した際にできる顔のしわ一本一本が、今までの労苦を如実に物語っている。

簡単な挨拶を済ませ、2006年夏の準々決勝のことを聞こうとすると名将は開口一番、私にこう言ってきた。

「僕が逆転勝ちで一番印象に残っているのはね、宇和島東戦なんですよ」

帝京戦の話を伺うために来たのだが、日本球界を代表する名将がそう切り出してきたのだから話を聞かないわけにはいかない。私はそのまま、髙嶋監督の話に耳を傾けた。

「うちが初めて全国制覇したのが1994年春のセンバツでした。そのとき、3回戦（準々決勝）で宇和島東と当たったんです」

宇和島東といえば、こちらも名将として知られる上甲正典監督（故人）率いる甲子園常連チーム。1988年のセンバツで初出場初優勝を果たすなど、当時もっとも注目される高校のひとつだった。甲子園での優勝経験がなかった髙嶋監督にすれば、あまり当たりたくない相手でもあっただろう。

「うちは8回が終わって0－4で負けていました。でも9回表に4点差をひっくり返して逆転してね。そしたら、その裏に今度は同点に追いつかれて、延長になって。それでやっとのことで勝ったんです」

だがこの延長戦も、実は9回表、智辯和歌山の攻撃のミスがなければ、延長戦にならずに終わっていた試合だったという。

「9回表、塁にランナーが溜まって、2点取って2アウト満塁。3ボールになってピッチャーが代わったんです。で、どうしようかなぁと思ったけど、一球だけ〝待て〟のサインを

■第66回選抜高校野球大会　準々決勝
（1994年4月2日　甲子園球場）

智辯和歌山　6－5　宇和島東

| 高校名 | 1 | 2 | 3 | 4 | 5 | 6 | 7 | 8 | 9 | 10 | 計 |
|---|---|---|---|---|---|---|---|---|---|---|---|
| 智辯和歌山 | 0 | 0 | 0 | 0 | 0 | 0 | 0 | 0 | 5 | 1 | 6 |
| 宇和島東 | 0 | 0 | 0 | 0 | 0 | 3 | 1 | 0 | 1 | 0 | 5 |

投手

智辯和歌山：笠木→松野
宇和島東：岩井→鎌田→松瀬

本塁打

| | 打数 | 安打 | 打点 | 二塁打 | 三塁打 | 本塁打 | 三振 | 四死球 | 犠打 | 盗塁 | 残塁 | 失策 |
|---|---|---|---|---|---|---|---|---|---|---|---|---|
| 智辯和歌山 | 39 | 12 | 6 | 3 | 2 | 0 | 3 | 4 | 1 | 1 | 8 | 1 |
| 宇和島東 | 39 | 11 | 5 | 4 | 1 | 0 | 9 | 7 | 1 | 1 | 12 | 0 |

出したんです。それがストライクで3－1。今度は〝打て〟のサイン出したらそのときのバッターが右中間真っ二つの三塁打ですよ。走者一掃の大逆転。でもね、実はそのとき、相手のカットプレーが乱れて、ボールがグラウンドを転々と転がっていたんです。それなのに打ったバッターはもううれしくてガッツポーズして、ボールを見てないわけです。コーチャーも一緒になって喜んでる。ボールをしっかり見とったら楽々ホームインですよ。そしたら9回裏、宇和島東に1点差を追いつかれたでしょ。「ほれ、みい」と（笑）。2点差だったら9回で多分試合は終わってましたよ。延長でうちが勝ったからよかったですけどね」

この大逆転劇の勢いに乗り、智辯和歌山はその後も快進撃を続け、悲願の全国制覇を成し遂げる。

「宇和島東に逆転勝ちしたから、選手たちも自信を持ってね。次の準決勝のＰＬ戦では序盤に5点取って、その後じわじわ追い上げられたんですけど5－4で逃げ切りました」

そして迎えた決勝戦。相手はこちらも甲子園での優勝経験を持つ木内幸男監督率いる常総学院だった。１９８４年夏、取手二監督時代にＫＫコンビのいたＰＬを破って初の全国制覇を成し遂げ、常総に移ってからも数々の強豪を「木内マジック」と呼ばれる名采配で退け、前年の1993年夏の甲子園でも、常総はベスト4に進出していた。

「このときは1回戦が秋田、2回戦が横浜でね。2回戦以降はみな優勝経験のある監督が率いる名門ばかりですよ。だからね。余計に値打ちのある優勝やったんです。決勝の常総戦。5-5の同点から、2点を入れて逆転勝ちしたんです。こうやったら甲子園で勝てる、甲子園で優勝できるっていうのを教えてくれた大会でした。PLも当時は〝逆転のPL〟って言われてたけど、そのPLにも勝ちましたからね。『甲子園で勝つ』っていうのはこういうことなんやなと。監督として自信を持てるようになった大会でもありますね」

## 甲子園では1回戦敗退の常連だった智辯和歌山

逆転に次ぐ逆転で栄冠を勝ち取った智辯和歌山。だが実は、それまでの智辯和歌山は甲子園に来ても「出ると負け」の1回戦敗退常連チームだった。

「甲子園で初めて勝ったんが初優勝の直前の1993年の夏でした。それまでは5回甲子園に出とるんですけど、全部1回戦負け。何度出てもまったく勝てなくてね。5回目の1回戦負けのとき、甲子園のお客さんから『智辯和歌山、よう来たなぁ。また負けに来たんかぁ』って言われたんです。このとき、〝ガツーン〟と頭をど突かれたように感じてね。『あ、そうか、甲子園に出るために必死になってたけど、甲子園で〝勝つ〟ということを忘れとった』と思ってね」

5回目の1回戦負けを喫した髙嶋監督は、和歌山の自宅に戻るとそれまでの1回戦負けの試合すべてのビデオを見直したという。

「見直してわかったんですけどね。全部勝てる試合でした。『ここでもうちょっと辛抱したら』『ここでもう1点取っといたら』、そんなゲームばっかりなの。最初に出たときが2点差で、あとは全部1点差。1点差っていうのは必ず勝つチャンスがあるんです。それを見直して、守備を徹底的にやり始めた。で、次の年（1993年）、夏の甲子園に出て、1回戦の相手が東北でした。でね、この東北が優勝候補やったんです。出場校中、チーム打率NO・1。それを延長で破って、2回戦（城北）も勝って、3回戦（徳島商）で負けたんですけどね。そのとき、うちの主力は2年生だったんです。2年生で甲子園に出て勝ったもんですから、選手たちの自信になって、次の年のセンバツで初優勝しちゃったんです。やっぱりこの流れっていうか、甲子園での流れってありますよね」

髙嶋監督は、甲子園には独特の雰囲気があり、それが選手たちの未知の力を引き出すことにもつながっていると考えている。

「よくね、甲子園には魔物が棲んどる言うけど、その通りですよ。普段、打たんやつが打ちますから。甲子園はね、グラウンドに入ったとたんに、アドレナリンがブワッて出てきます。興奮状態ですよ。1回戦、試合前のシートノックのときにね、キャッチャーによく言うんです。『セカンド投げるとき、全力で放るな。三分くらいの力で、軽く投げろ』と。選手たちはアドレナリン出てますからね。いつもの調子で投げるとセカンドの遥か頭上、センターに行くような送球をしてしまうわけです。だからそれを抑えさせる意味で『軽く投げろ』とね。そうすると三分の力でもビュッといい球が行くんですよ。だからバッティングにしても、普段ホームランなんか打ったことのない9番がホームランを打つわけです。それが甲子園なんです」

甲子園に棲むという〝魔物〟。選手だけでなく、幾多の激戦を制してきた髙嶋監督でさえも、その〝魔物〟の影響を受けているという。

「甲子園の大会が終わって和歌山に戻ってくるじゃないですか。一週間くらいすると震えがきますからね。甲子園の禁断症状ですよ（笑）。『甲子園行きたい』って震えがくるんです。そうやって甲子園に育ててもらって、もう40年以上が経ちました」

甲子園の魔物は、時に女神のように優しく微笑むこともあれば、怒り狂った鬼神となって容赦なく叩き潰しにくるときもある。

甲子園での勝ち方を知り、いわゆる〝強豪〟の仲間入りを果たした智辯和歌山だったが、宇和島東との逆転劇から12年を経た2006年夏、彼らの前に〝魔物〟は再び現れることとなる。

## 僕たちはマー君しか見ていなかった

智辯和歌山はよく〝打のチーム〟と言われる。過去の戦いぶりを見ても、今回取り上げる大逆転劇を含め、確かに豪打、猛打の印象が強い。しかし、髙嶋監督はそれは本意ではないという。

「うちが140キロ台のピッチャーを簡単に攻略するから、智辯和歌山は〝打のチーム〟だと言われるけど、違うっちゅーねん（笑）。うちは守り重視の野球ですよ。3分の2は守備練習、残りの3分の1が打撃練習。野球はやっぱり〝守り〟ですよ」

そうは言っても、智辯和歌山は過去幾度も大会屈指の好投手を打ち崩してきた。今回取り上げる2006年夏の準々決勝の前の2回戦、対八重山商工戦でも智辯和歌山打線は田中、斎藤に並ぶ大会屈指の好投手だった大嶺祐太（現千葉ロッテマリーンズ）をいとも簡単に攻略し、8－3で勝利している。

なぜバッティングがいいのか？　その理由を髙嶋監督に聞いてみた。

「バッティングに関しては特別な練習はしてないんですけどね。ただ、我々の考え方として、甲子園では大会ごとに一人か二人、150キロを超えるストレートを投げる好投手がいたりするじゃないですか。だからその大会ごとにスカウトや記者に聞くんですよ。どのピッチャーがいいか？　そいつは何キロ出るのか？　で、「150キロは出てるんちゃいますか」と言われれば「じゃあ、うちは160キロを練習しよう」と。万が一、甲子園でそのピッチャーと当たったときに、150キロを練習していたんでは打てないんです。そこから10キロ上を練習しとったら打ち崩せる。そういう考え方でうちは練習してるんです」

ちなみに八重山商工の大嶺は、この大会で参加投手中最速の151キロを記録している。智辯和歌山はそんな好投手をいとも簡単に攻略してしまった。

「大嶺君は確かにいいストレートを放ってましたよ。でもね、うちの選手たちに『大嶺、どうや？』って聞いたら『練習のほうが速いです』って。だから『よっしゃ、じゃあ10点取れ』言うて、結局8点しか取れなかったんですけどね（笑）。普通に150キロを打つ練習しかしてなかったら、ここまでは打てないでしょう。160キロの練習をしとるから打てるんです」

さらにこんなことも話してくれた。

「うちはね、昔から圧倒的なエースっていうのがいたことがないんですよ。松坂（大輔）やマー君や斎藤みたいな。だから結局、打ち勝つしかないんです。選手たちも『俺たち、打たないと勝てない』ってわかってますしね。それを甲子園で、彼らも実感しとるわけですよ。だから初優勝した1994年のセンバツも、決してピッチャーがずば抜けて良かったわけじゃないんです」

そして迎えた2006年、夏の甲子園。智辯和歌山が打ち倒すべき目標に掲げたのが、他でもない駒大苫小牧の田中将大投手だった。

「帝京には失礼なんですけどね。この大会のときはマー君しか意識してなかったんです。この夏の大会の前年の神宮大会でね、初めてマー君を見たわけです。他校とやっているのをスタンドから選手たちと一緒に観戦してね。マー君は5回からリリーフとして登板したのかな。すると5回から9回まで、アウトはほとんど三振ですよ。ストレートはゆうに150キロを超えてるし、スライダーのキレもすごかった。『こんなピッチャーがおんのか⁉』とね、驚きました」

髙嶋監督は和歌山に戻ってからすぐ、〝マー君攻略〟の練習を始めたという。

「帰ってすぐ、160キロを打つ練習ですよ。マシンのストレートは160キロ、変化球は140キロに設定してね。本当にそれくらいしないと甲子園では勝てないんです。2か月くらいしたら選手たちも160キロが打てるようになってきて。で、センバツで『マー君を打ったる！』と意気込んでたら不祥事で駒大苫小牧が出場辞退ですよ。だから『じゃあ、夏に甲子園でマー君を打とう！』と。このときは早実の斎藤もおったけどね。やっぱりあの神宮で見た姿が強烈すぎて、うちのチームにとっての目標はマー君だったんです」

2006年8月17日、帝京との準々決勝。智辯和歌山は勝てば準決勝で駒大苫小牧と当たることがわかっていた。智辯和歌山は帝京戦の先にある〝マー君〟しか見ていなかった。

「この帝京戦はね、最初から〝勝てる〟と思ってました。それまでの帝京の試合も見て、怖さは感じませんでしたからね。〝勝てるな〟と」

この大会で智辯和歌山は2・3番手の広井亮介、松隈利道が先発、途中からエースの竹中孝昇につなぐのが勝ちパターンとなっていた。迎えた準々決勝、先発は広井だった。智辯和歌山は2回裏の攻撃で左打者の馬場一平がライトへ3ランホームランを放ち3点を先制。幸先のいいスタートを切る。

だが4回表、帝京の攻撃でこの回最初のバッターである3番・野口直哉にライトへ二塁打を放たれると、髙嶋監督は躊躇なくピッチャーを交代。勝利の方程式に則り、エースの竹中をマウンドに送った。それにしても潔いまでの投手交代である。先発の広井に何か悪い兆候が表れていたのだろうか？

「もう勝ちしか考えてないですからね。広井のボールが相手バッターに完璧に捉えられていたんで、スパッとエース（竹中）に代えたんです。前の試合で投げすぎたからとか、そんなんじゃないです。まあ、それが私のやり方ですから」

危ない兆候を少しでも感じ取れば投手交代を厭わない。これは髙嶋監督の経験則から生まれた〝直感式〟のやり方である。

「大体、ピッチャー交代っていうのは遅れるんですよ。引っ張りすぎて失敗する。前田さん（帝京）もそうでしょうけど、遅れて負けるんだったら、早めに決断して負けたほうが悔いが残らんのですよ、監督っちゅうのは」

さらに途中からエースを出すのは、こんな意味もあるという。

「エースを出した以上は、負けられないわけです。『エースが出たんだから、おまえら絶対に負けたらあかんで』という選手たちへのメッセージですね」

エース・竹中はこの回、帝京打線につかまり二塁打を2本打たれて2失点するも、その後はエースとしてしっかり立て直し、7回まで帝京を0に抑える。一方、智辯和歌山打線は4回裏に馬場の2打席連続ホームランなどが飛び出し3得点。7回裏には広井の2ランホームランで2点を追加し、スコアは8－2。前押し、中押し、ダメ押しと、智辯和歌山にしてみれば理想的な展開でゲームを進めていた。

髙嶋監督も7回終了時点でこう感じていた。

「点数の上では、もう勝負ありという感じですよね。ただそうはいかんのが甲子園なんでね（笑）」

8回表、帝京の攻撃。この日5打数4安打と大当たりだった5番・塩沢佑太がエース・竹中のカーブを捉え、2ランホームランを放つ。塩沢の当たりは、決して芯で捉えた〝いい当たり〟ではなかった。こすったような当たりがセンター方向に上がり「センターフライかな」と思いきや、この打球が風にも乗ってなんとスタンドイン。髙嶋監督は、このホームランは金属バット特有のホームランだという。

「変化球は拾う感じで、芯をちょっと外れたほうが飛ぶんですよ。そういうのがあるから金属バットは怖いんです」

このとき、センターを守っていた古宮克人選手が今、母校の野球部部長として髙嶋監督とともに甲子園を目指している。グラウンドにいた古宮部長にもこの大逆転劇のことを伺ったところ、まず最初に話してくれたのがこの塩沢のホームランに関してだった。

「打球は僕の頭上を越えて、バックスリーンの横に飛び込んでいきました。打った瞬間、『捕れる』と思って打球を追いかけたんですけど、入っちゃったんですよね。まあ、風にうまく乗ったからあそこまで飛んだんだと思います。ただ、このホームランから何かざわざわと胸騒ぎというか。まだ8－4の4点差で楽勝のペースなんですけど、ちょっと締めていかないとヤバいかも、と」

当時キャプテンだった古宮部長はこのとき、点差が開いているにもかかわらず気を引き締め直したという。だが、この日の智辯和歌山の得点はすべてホームラン絡みということもあって、ベンチには楽勝ムードが漂っていた。キャプテン一人が気を引き締め直したところで、この楽勝ムードを打ち消し、チームに緊張感をもたらすことはできなかった。

チームの中に生まれてしまった油断。甲子園の魔物は、智辯和歌山のそんな〝隙〟を見逃してはくれなかった。

## 9回表、帝京が6連打で大逆転

チームの〝油断〟を象徴するかのように、8回裏の智辯和歌山の攻撃は淡白に三者凡退に終わる。これが9回、ラストイニングの死闘の伏線となるとはだれも思っていなかったに違いない。高嶋監督は8回裏の攻撃をこう振り返る。

「まあ、今考えればね、三者凡退っていうのは良くない流れですよね。たとえ無得点でも粘っこくいって、ランナーを一人でも出しとったら、あの9回の逆的劇はなかったかもしれんですね。だから『四球でもなんでもいいからランナー出ろ』ってよく言うんですけどね」

とはいえ、8回が終わって8－4の4点差。圧倒的に智辯和歌山有利な状況で試合はラストイニングへと突入する。

「まあ、言ってみれば普通の勝ちパターンのゲームです。私ももう勝ったと思っているから頭の中にはマー君ばかり出てくるわけです（笑）。選手もようけ打ってるんで『マー君も打って優勝するんちゃうか』と。僕がそう思っていたということは、多分、選手たちも『この試合はもらった』と感じてたと思うんです。そんな気持ちがね、隙を生んでしまったのかもしれんですね」

9回表。帝京はピッチャーの大田阿斗里に代えて代打・沼田隼を送ったが凡退で1アウト。智辯和歌山に勝利が近づいてくる。エース・竹中はその後、ヒットとデッドボールでランナー一、二塁とし、スコアリングポジションにランナーを進めてしまう。だが、点差はまだ4点もある。キャッチャーがマウンドに駆け寄り、竹中に声をかけるとエースは笑顔を見せた。この時点での智辯和歌山には、まだ余裕があった。

そして続く帝京の強打者、3番・野口を三球三振に打ち取り、これで2アウト。智辯和歌山はほぼ99％、勝利を手中にしていた。しかし、甲子園の魔物は残る1％の隙間から静かに忍び込む。ここで迎えるバッターは現在、福岡ソフトバンクホークスで活躍している4番・中村晃。鋭いスイングから放たれた中村の打球は一二塁間への高いバウンドのゴロとなった。しかし、この打球がセカンド・上羽清継のグラブをかすめてライトへ。この強打で帝京は1点を返す。

髙嶋監督は、このワンプレーから逆転劇の死闘が始まったと考えている。

「あれはね、セカンドが捕れておった打球ですよ。でもセカンドの選手がね、『捕れる』と思って手を抜きよった。だから抜けてしまったんです。そして、ここから大逆転劇が始まるわけですよ。しっかり捕っていればここで終わっとるのに」

この後、竹中は続く帝京打線の塩沢、雨森達哉、我妻壮太にもよもやの連打を浴び、瞬く間に1点差に迫られる。このとき、エースの竹中はそれぞれの打者を2ストライクと追い込みながらも、まるで何かに導かれるかのように甘いボールを投じ、いずれも三遊間を破られ、失点を重ねていった。髙嶋監督はこの9回表、記録には残っていない野手のエラーがいくつかあったと振り返る。

「帝京のバッターが当てにきた打球が、全部三遊間に飛んでいってね。いい当たりではないんですよ。でも三遊間の真ん中をうまい具合に抜けていく。バッテリーの配球としては間違ってないんだけど、追い込んでから甘く入っちゃったんだね。そのうちの1本はサードが捕れた当たりだったんだけど。まあ、セカンドへの当たりも、このサードへの当たりも記録はヒットになってるけど、僕から見ればエラーですね。どっちかがちゃんと捕っていれば、試合はそこで終わっとったはずなんですよ。ただね、大していい当たりでもないのに3本が三遊間でしょ。何かおかしいぞっていうのは感じてました。だって三遊間に1本飛んだ後に「三遊間詰めろ」って指示も出してましたから。まあ言うたらツイてない、悪い流れですわな」

この時点で、ついさっきまで勝ちを確信していた髙嶋監督以下、智辯和歌山ナインの頭から「駒大苫小牧・田中将大」は消え去っていた。イニング前の余裕は、もうどこにもなかった。さらに帝京の猛攻は続く。1年生バッター・杉谷拳士（現北海道日本ハムファイターズ）がこれまた三遊間に5連打目のヒットを放つのだが、このとき、レフトの馬場がそのゴロをファンブル。ランナー二者が生還し、帝京は土壇場で9－8と大逆転。帝京側のアルプススタンドは狂喜乱舞のお祭り騒ぎとなった。

髙嶋監督は、〝甲子園の魔物〟の存在を感じ取っていた。

「もうこのときには、うちのメンバーが完全に浮き足立ってますよね。『勝てる』から『ヤバい』にね。でもこうなると、なかなか修正が利かないんですよ、甲子園では」

その浮き足立った状態で、竹中を代える考えはなかったのか？

「このときはまだ代えようとは思いませんでした。だって竹中はエースですから。エースを代えるっていうことは〝白旗を上げる〟ってことですよ。僕にとってそれくらい〝エース〟という存在は重いものなんです。まあ、しかし、普通ならここで交代でしょうね（笑）」

竹中は続投。そして帝京の攻撃は打者が一巡し、このイニング最初のバッターとして代打で登場した沼田が打席に立つ。沼田は1ボールからの2球目のストレートを思いっきり叩いた。打球はレフト方向にグングンと伸び、そのままスタンドに飛び込むよもやの3ランホームラン。スコアは12－8、帝京は6連打で一挙8得点を記録し、智辯和歌山を窮地に追い込む。

9回表が始まった瞬間は、こんな展開になるとだれが予想しただろう。まさか智辯和歌山が4点のビハインドを抱えることになるとは……。

髙嶋監督はここで竹中をあきらめ、2年生投手の松本利樹をマウンドへ送る。試合後のインタビューで髙嶋監督はこのときクビを覚悟したと話している。

「そりゃそうですよ。最終回に4点差を逆転されて、あげく3ランですからね。もっと早く代えとけばって思いましたよ（笑）」

このとき、現在残っている映像を確認すると、ベンチに戻ってきた竹中に対し、髙嶋監督がなにやら長い間、話をしている。何を話していたのか聞いてみた。

「あれはね『勝負の世界っていうのはこういうもんや』と。『おまえがこれから上に行っても、この教訓は絶対に生きるから。この体験を次に生かせよ』と話したんです。竹中はずっと泣いてましたね」

この状況で選手を労い、さらに将来の指針をも示せる監督が果たして全国に何人いるだろうか。私が「さすがは甲子園最多勝利を記録しているベテラン監督の余裕ですね」と言うと、髙嶋監督は笑いながらこう返してきた。

「いや、だってもう逆転されて4点差ですよ。余裕とかそんなんじゃなく、あきらめただけですよ（笑）。選手もさすがにあきらめたんじゃないかなぁ」

だが、選手たちはあきらめていなかった。

交代した松本が続く打者を一球で片付け、3アウトチェンジ。守備からベンチに戻ってくる際、たった一球で終わったことをセンターの古宮部長は〝吉兆〟と捉えていた。

「ズルズルと失点を重ねていたところで、一球で終わったんで〝あれ?〟って。その一球もサードゴロで、ファーストでアウトになりましたけど、微妙な判定だったんです。でも、それがアウトになったんで『これまだ、行けるんちゃうか』と。そう思いながらベンチに帰ってきたのをよく覚えています」

## 甲子園の魔物が微笑むのは帝京か、智辯和歌山か

ベンチ前で円陣を組むナインに対し、髙嶋監督は最後の檄を飛ばす。

「『おまえら、何のために今まで練習してきたんや!』とね。『苫小牧の田中と戦うためちゃうんか!』と。『ここで負けとったら田中をやっつけられないやないか!』と言いました」

さらに古宮部長をはじめとするナインは、ベンチの隅で号泣するエースの姿を見て、気持ちを奮い立たせる。

「竹中をあのままにはしてられんと、みんなが思ってたはずです。みんな口にこそ出しませんでしたけど、自分が何をすべきかよくわかっている感じでした。まずはつないで、塁を埋めていく。それしかないと」

高島祥平、垣ヶ原達也、大田のピッチャー三本柱を使い果たしていた帝京は9回裏、センターの勝見亮祐をマウンドに送る。勝見はエースとして期待されながらも肩を壊し、野手に転向。前年の秋以降、公式戦で登板したことは一度もなかった。

久々の公式戦、しかもそれが甲子園である。このような状況に置かれて、十代の若者が平常心を保てるわけがない。勝見はまったくストライクが入らず、連続四球を与えてしまう。智辯和歌山は期せずしてランナー一、二塁の好機を迎えた。しかもバッターは4番の橋本良平である。この絶好のチャンスを逃すわけにはいかない。

アルプススタンドから聞こえてくるのは、「魔曲」として全国に知られる智辯和歌山の応援曲『ジョックロック』。応援曲としては珍しい怒濤の不協和音が、巨大な音の波となって帝京ナインを飲み込んでいく。スタンドの期待を一身に背負う橋本はこのとき、「打ってやる」と気合が乗りすぎていた。髙嶋監督から見ても、体がガチガチに力みまくっていたという。

「橋本が無茶苦茶力んどるわけですよ。ホームランしか狙ってない（笑）。これは今打っても内野フライやと思って。僕は普段『チャンスが来たら1球目から打て』という指導をしてるんですけど、あれだけ力んでおったら打てませんから、このときは〝待て〟のサインを出しました。そしたら1球目ボールだったんで、もう一度〝待て〟のサインを出しました」

すると2球目はストライクでカウントは1－1。髙嶋監督はこのとき、橋本に向かって「肩の力を抜け」というジェスチャーを送る。

「そしたらね、橋本の力みがちょっとほぐれたように見えたんです。表情も柔らかくなってね。『あ、これで打てる』と思って〝打て〟のサインを出しました」

監督から〝打て〟のサインを受けた橋本は、3球目のストレートをジャストミート。打球は左中間スタンドに飛び込む特大3ランホームランとなった。1点差に迫る3ランホームランは、髙嶋監督の名采配によって生み出されたといっても過言ではないと思うが「名采配なんかじゃありません。そんなもん、毎日選手たちを見てるんだからわかりますよ」と笑い飛ばす。そして、髙嶋監督はこう続けた。

「橋本はね、甲子園でホームラン打ったことがなかったんですよ。他の選手はガンガン打っとるのに。だから、橋本にホームランを打たせてやりたかったんです。それだけにこのホームランは僕もうれしかった」

1点差に迫ったものの、塁にランナーは一人もいなくなった。逆転するなら塁にランナーを溜めながら、ヒットなどでつなぎたいところである。3ランホームランで喜ぶ選手たちを横目に、髙嶋監督は「このまま、終わってしまうんじゃないか」と不安も感じていた。

だが、帝京のピッチャー・勝見は橋本のホームランですっかり動揺してしまっていた。自分のリズムでピッチングができず、制球もままならない。智辯和歌山の5番バッター、亀田健人は3－1から落ち着いてボールを選び、フォアボールで出塁する。同点のランナーが出て、智辯和歌山ベンチは再び沸き返る。髙嶋監督はこのフォアボールを試合の最大のポイントに挙げている。

「亀田は元々選球眼のいい選手でね。3ボール目と4ボール目はだいぶ際どいコースだったんですが、よく選んでくれました。ああいう際どいコースがボールになるっちゅうことは、流れがうちに来てるってことですから。亀田がフォアボールで出て『あ、これで何とかなる』と思いました」

帝京の前田監督はここで勝見をあきらめ、ショートの1年生・杉谷をマウンドに送る。杉谷は練習試合でこそ登板経験があるものの、公式戦での登板は中学生以来だった。アルプススタンドで鳴り響く『ジョックロック』。まるでスタンド全体が智辯和歌山の逆転を待ちわびているかのようである。数々の逆転劇を演出してきた甲子園特有の空気が、グラウンドを覆っていくのがわかる。これが〝甲子園の魔物〟というものなのか。

智辯和歌山の6番バッター・松隈利道への初球。なんと杉谷はデッドボールを与えてしまう。いくら度胸のある1年生とはいえ、さすがにこの局面は杉谷には荷が重すぎた。前田監督はここですぐさま、普段は打撃投手をしていたという背番号16の岡野裕也をマウンドに送った。正規のピッチャーを使い切っていた帝京は、非常に苦しい戦いを強いられていた。

ノーアウト、ランナー一、二塁。智辯和歌山にとってはまさに押せ押せのこの大事な局面で、バッターはこの日2ホーマーを放っている馬場。だが、ここはヒッティングさせず、バントによってランナーを進める策を選んでもよい場面でもある。

「馬場が当たっているのに、バントを選択して失敗でもしたら流れが一気に止まると思ってね。だったら、打たしてゲッツーのほうがいい思うて（笑）。選手たちもみな、きっとそう思うとったでしょう」

だが、三度女神が微笑むことはなく、馬場はフルカウントからのストレートを打ち、あえなくレフトフライ。「せめて引っ張ってライトフライにしてくれれば、二塁ランナーを進めることができたんだけどね」と髙嶋監督は笑うが、最悪のゲッツーは逃れることができた。これで1アウト、ランナー一、二塁となり、代打に青石裕斗を送る。

「青石は左バッターで当時の代打の切り札ですね。長打も打てるし、追い込まれてから合わせるのもうまい。でも、このときの青石は力んでましたね。空振りがものすごい大振りでね。ホームラン狙ってるの、すぐわかりました（笑）」

青石は帝京・岡野に2ストライクと追い込まれるものの、そこから髙嶋監督の言うようにコンパクトなスイングへと切り替え、ファウルで粘る。青石のバッティングに根負けした岡野は、打ちごろのアウトコース高めにストレートを投じてしまう。青石はこの甘いボールをバットのやや先端で捉え、打球はセンター前へ。智辯和歌山が土壇場でついに12－12の同点に追いついた。

髙嶋監督は、この同点打で勝ちを確信した。

「やっぱり追いついたら後攻が圧倒的に有利ですからね。これで『よっしゃ、行ける』と」

続くラストバッター・楠本諒がストレートのフォアボールを選び、1アウト満塁。大歓声の中、バッ

■第88回全国高校野球選手権大会　準々決勝
（2006年8月17日　甲子園球場）

**智辯和歌山　13－12　帝京**

| 高校名 | 1 | 2 | 3 | 4 | 5 | 6 | 7 | 8 | 9 | 計 |
|---|---|---|---|---|---|---|---|---|---|---|
| 帝京 | 0 | 0 | 0 | 2 | 0 | 0 | 0 | 2 | 8 | 12 |
| 智辯和歌山 | 0 | 3 | 0 | 3 | 0 | 0 | 2 | 0 | 5x | 13 |

**投手**

帝京：高島→垣ケ原→大田→勝見→杉谷→岡野
智辯和歌山：広井→竹中→松本

**本塁打**

帝京：塩沢，沼田
智辯和歌山：馬場2，上羽，広井，橋本

| | 打数 | 安打 | 打点 | 二塁打 | 三塁打 | 本塁打 | 三振 | 四死球 | 犠打 | 盗塁 | 残塁 | 失策 |
|---|---|---|---|---|---|---|---|---|---|---|---|---|
| 帝京 | 40 | 16 | 12 | 3 | 0 | 2 | 6 | 5 | 1 | 1 | 7 | 0 |
| 智辯和歌山 | 35 | 13 | 13 | 1 | 0 | 5 | 2 | 9 | 2 | 0 | 8 | 0 |

ターボックスに向かったのがトップバッターのキャプテン・古宮部長だった。

「よう覚えてますよ。5番の亀田がフォアボールで出たとき、『あ、俺まで回ってくるな』って何か予感があったんですよね。もうホームランを打つしかないと思って打席に向かいました（笑）。帝京に8点取られたんで、こっちも（満塁ホームランで）8点取ってやるっていう気持ちでした」

その言葉の通り、古宮部長は1ボールからのストレートを強振するがこれがファウルで1－1。3球目はカーブが高めにすっぽ抜けて2－1。4球目はストレートがインコースに大きく外れ3－1。投手の岡野は追い詰められ、我を失っているようにも見える。この局面で、髙嶋監督は〝待て〟のサインは選択肢として考えなかったのか？

「〝待て〟なんて僕はよう出さんですから。このときはバッターがキャプテンの古宮ですしね。もう「行けー！」ってなもんですよ（笑）」

3－1からの5球目、古宮はベンチの思いに応えるかのようにインコースのストレートをフルスイングするも、これがバックネットへのファウルに。3－2のフルカウントとなり、甲子園は異様な熱気に包まれる。〝魔物〟は再び、智辯和歌山に微笑むのか。

「このときもまだホームランを狙ってました。それが打ち損じになって外野フライでも1点入るしと思って。ゴロを打つくらいなら打球を上げようと」

大音響、大声援の『ジョックロック』が甲子園を揺らす。帝京・岡野の投じた6球目、渾身のストレートが古宮の胸元を突く。だが、バッターの古宮はこれを冷静に見逃し、サヨナラ押し出しフォアボール。負け投手となってしまった岡野は、茫然自失の表情で天を仰ぐ。テレビ中継のアナウンサーが選手たちに語りかけるように、万感の思いを込めて言う。

「両チーム、極限まで力を出したゲームでした」

スタンドのファンは、両チームにスタンディングオベーションで拍手を送った。

試合時間2時間27分。真夏の大逆転劇は智辯和歌山の勝利で幕を閉じた。

智辯

## 目標だったマー君と対戦するも……

髙嶋監督は帝京戦の最後のシーンをこう振り返る。

「押し出しとなったボールね。ベンチからは結構臭いボールに見えたんだけど、古宮に聞いたら『完全なボールでした』って言うからね。何やこいつ、俺より冷静やないかと（笑）」

押し出しフォアボールを選んだ古宮部長は、髙嶋監督が言うよりさらにもう一段上の冷静さを持っていた。

「いつだったかは忘れてしまいましたが、監督が僕たちに『満塁押し出しサヨナラはバッターだけじゃなく、各ランナーがそれぞれちゃんと進塁しないと得点にはならない』ということを教えてくれたんです。それがこのとき、頭によぎったんですよね。だから一塁に向かうとき、他のランナーたちに『ちゃんと次の塁に行け！』って叫んでました」

智辯和歌山は、この次の準決勝で〝打倒〟として掲げてきた田中将大投手擁する駒大苫小牧と対戦するが、田中を攻略することはできず4－7で敗退する。

髙嶋監督は実際に田中投手と対戦し、そのセンスに脱帽した。

「マー君はノーアウト一、二塁の状況でリリーフとして出てきたんかな、たしか。ベンチからマウンドに行く途中、きっとファーストとアイコンタクトでも取ったんでしょうね。その後、ピックオフプレーですよ。ノーマークのファーストに素早い牽制をされて一塁ランナーがアウト。あのとき、うちのランナーもちゃんとしたリードを取る前でしたから、1メートルちょっとしか出てなかったんじゃないかな。でも牽制がバーンと来て、帰りきらずにタッチアウト。打者に投げる球より速かったですよ（笑）。あれを見たときにね、この子はセンスあるなぁと」

智辯和歌山の選手たちは日ごろ160キロを打ってきただけあり、田中投手のストレートに脅威はまったく感じていなかった。

「打席から帰ってきたバッターに『田中はどうやねん？』って聞いたんですよ。そしたら『ストレートは打てますけど、スライダーは消えます！』と。『ちょっと待てよ、消えるってどういうことよ?』と聞くと『真っ直ぐだと思って振ると消えるんです』と言うんです。これはマー君と当たった監督はみんな言ってました。やっぱりね、140キロの変化球は、高校生にとっては真っ直ぐに見えるんですよ。ピッチングマシンでは、あの〝キレ〟は再現できません。マー君がプロ入りして、相手バッターからスライダーでバンバン空振り取ってたじゃないですか。プロが打てないんだから、高校生で打てるわけありませんよ(笑)」

古宮部長も、田中投手のスライダーの印象をこう語る。

「カウントを稼ぐためのスライダーはそれほどでもないんですけど、三振取りに来るスライダーはちょっとすごかったですね。あんな変化球、それまで見たことありませんでした」

確かに当時の試合のビデオを見ると、智辯和歌山の選手たちは田中投手のストレートは打っているのだが、スライダーには手こずっている。さらに田中投手は後半になってからギアを上げたのか、スライダーのキレが増し、それに伴い智辯和歌山の三振も増えていった。

智辯和歌山の練習法でも対応できない、140キロの高速変化球。ということは今後、甲子園で〝勝つ〟ピッチャーは剛速球で押すタイプよりも、変化球のキレで勝負するタイプが増えていくのだろうか?

高嶋監督の考えはこうだ。

「阪神の藤浪（晋太郎）が大阪桐蔭のエースだったとき、光星（八戸学院光星）との決勝戦を甲子園に観にいったんです。そのときね、僕は彼の投じるボールを見て『これでは光星は打てん』と思いました。というのはね、ストレートがほとんどないんです。スライダー、カットボール、フォークなどの高速変化球ばかり。そのピッチングを見てね。藤浪の『絶対打たさん。優勝する!』っていう意地を感じましたね。あんなキレのある変化球を放られたら、高校生は打てないですよ。これからは真っ直ぐが速いのは当たり前として、速くてキレのある変化球を投げられるピッチャーの時代になっていくでしょうね。3ボール、2ストライクのフルカウントから、スライダーやフォークを決め球として投げられるピッチャー。甲子園にもそういうピッチャーが増えていくと思います」

## なぜ逆転できたのか？ 智辯和歌山の底力の秘密

残念ながら、智辯和歌山は駒大苫小牧に敗れて準決勝敗退となるが、それでも甲子園の4強進出である。常勝軍団となった智辯和歌山の底力の秘密は一体何なのか。その根底に厳しい練習があるのはもちろんだが、きっとそれ以外にも髙嶋監督なりのやり方があるに違いない。そう思って話を伺っていくと、髙嶋監督が「地方大会と甲子園の戦い方の違い」を教えてくれた。

この帝京戦から遡ること6年。智辯和歌山が夏の甲子園、2度目の全国制覇を成し遂げた2000年のチームは守りのチームでありながら、チーム合計11本塁打、100安打を記録。これはチームとしての夏の甲子園の打撃記録として今も破られていない。

髙嶋監督はこのときの打線を「高い打撃技術を持った選手が多かった」と評するが、その最たる存在が2年生でありながら主力（3番）として活躍していた武内晋一（現東京ヤクルトスワローズ）であり、武内は一人で8本塁打を記録した。

ちなみに智辯和歌山以前のチーム本塁打記録は、ＰＬのＫＫコンビの代が記録した10本だったが、ＫＫコンビの時代は甲子園に〝ラッキーゾーン〟が設けられていた。そんなことから2000年に新記録を打ち立てた際、髙嶋監督の知り合いの新聞記者がビデオを見直し、ラッキーゾーンがあったと仮定して智辯打線のホームラン数を数え直したそうだ。その結果、算出されたホームラン数は、なんと24本。今も伝説として語り継がれるＰＬの、倍以上のホームランを打っていたというのだから本当に驚きである。

そして、さらに驚くべき事実を髙嶋監督が明かす。

「その甲子園記録を作ったときの県予選ではね、うちはホームランをたしか打ってないんですよ。打ったとしても1本くらいのもんで。でもね、そんなメンバーでも甲子園に行くと、ホームランがバカバカ打てるわけですよ。それが甲子園の力なんです」

そう言いつつ、髙嶋監督は「ただ、調整の仕方も違うんですけどね」と意味ありげにニヤリと笑う。

「それを伺いに来たんですよ」と私が言うと、髙嶋監督は「しょうがないな」という表情を浮かべ、静かに語り始めた。

「うちはね、地方大会では調整しないんです。普段とまったく一緒。試合終わっても、帰ってきてから学校のグラウンドで猛練習です。1回戦も、2回戦も、3回戦も変わりません。多分よそは夏の大会用の調整をしていると思うんですよ。試合が終わったら選手をちゃんと休ませるとかして。うちは地方大会ではそれを一切やらないんです」

しかしそんな戦い方をしていたら、決勝戦まで進んだときには選手たちが疲労困憊でクタクタになってしまう。そんな状態では決勝で勝てず、甲子園に行けなくなる可能性だってあるのではないか?

「選手たちはホンマにへたってますからね。ホームランだって出ませんよ。テレビの解説者も『智辯は振れてませんねぇ』とかよく言うてますよ(笑)。ただね、1、2回戦ではエースは投げさせません。決勝から逆算して、決勝がピークになるようにエースだけは調整します。つまり、『決勝まで行ったら負けない』っていう戦い方をするんです」

さすがは百戦錬磨の智辯和歌山ともいえる戦い方だが、決勝に注力するあまり、地方大会の1、2回戦で足元をすくわれるようなこともあるのではないかとだれもが思うだろう。実際、「過去にもそういうことはありました」と髙嶋監督は笑い飛ばし、こう続けた。

「僕はね、決勝で負けたくないんですよ。1回戦、2回戦で負けるということは、残念ながらそこまでのチームだったということです。そんなんでは仮に甲子園に行ったって勝てません。僕にとっては決勝戦で勝つチーム＝甲子園で勝てるチームなんです。実際ね、うちは和歌山大会で20回決勝に行って、一度も負けてなかったんですけどね。2014年に、21度目の決勝で初めて負けました（対市立和歌山。延長12回、2－3×のサヨナラ負け）。この敗戦は監督の責任です」

地方大会中、普段通りの厳しい練習をするということは、甲子園で勝ち上がっていくためのスタミナ作りの意味合いが強いのだろうか？

「和歌山大会で6試合、甲子園で6試合。その戦いで12連勝する体力作りをしなきゃいかんわけです。和歌山大会の決勝戦を過ぎれば、練習量も落としていきますから選手もだいぶ楽になります。そうすると甲子園に行ったときには選手の体調、体力も万全です。地方大会でスタミナ作りもできてますからね。選手たちは心身ともに最高の状態で甲子園に臨むんです」

「あとね、県大会の試合後、帰ってきてからの練習はバッティング練習が多いんです。なんでかというとね、僕はピッチャーには〝3種類〟あると思ってるんです。〝右投げ〟と〝左投げ〟と〝変則〟の3種類。たとえば1回戦で左投手を攻略して勝ったとしても、右投げと変則とはやってないわけです。だから学校に戻ってきたら、右投げと変則を打つバッティング練習をするわけです。常にその3種類に対応できるようにしてから、選手たちを家に帰らせる。それが僕のやり方なんです」

今でこそ、齢を重ねてだいぶ丸くなった髙嶋監督だが、かつては「鬼の髙嶋」と呼ばれるほど選手たちに厳しい練習を課していた（もちろん今も他チームに比べればだいぶ厳しい）。そんな〝練習漬け〟だったチームが、甲子園に行くと〝練習しない〟チームになるのだという。

「うちは普段の練習がきついでしょ。だから甲子園に行ったら選手たちは天国なんですよ。練習時間はせいぜい1時間半くらい。外出も自由だし、起床、消灯時間も自由。守らないといけないのは食事の時間くらいなもんでね。夜のミーティングも私の話はだいたい1分。大事なことだけパッと言って終わり。一人一部屋で、クーラーも効いとるし、昼寝もできるし。和歌山に帰ったら厳しい練習が待ってますからね。選手たちは一日も長くこの天国にいようと必死になるわけですよ（笑）」

智辯和歌山が地方大会ではそれほどホームランを打たないが、甲子園になるとまるで別のチームかのようにホームランを量産する真の理由はここにあった。

監督として40年。髙嶋監督は勝負師として勝った、負けたを繰り返す中で「どうすれば勝てるのか」を考え続けてきた。智辯和歌山の強さ、数々の接戦を制してきた底力は、髙嶋監督の長年の経験によって育まれた智恵の結晶といっていいだろう。

取材終盤、グラウンドには選手たちが現れ、元気のいい声を出しながら練習を始めた。白いユニフォームがグラウンドに映える。最後の質問として、髙嶋監督に、

「逆転が起きる一番の要因は何だと思われますか？」

と聞いてみた。

「難しいですねぇ」と笑った後、髙嶋監督はグラウンドで練習する選手たちをしば

しの間見つめ、静かにこう言った。

「勝っとるほうの油断でしょうねぇ」

甲子園で1点差の敗戦に泣き続けた髙嶋監督は、今でこそ日本一甲子園で勝利を挙げている監督として知られているが、実は数多くの負けも経験してきた。その中にはきっと、悔しさのあまり幾晩も眠れなくなるような逆転負けもあっただろう。また、過去対戦した宇和島東や帝京のように、相手の油断によって勝てた試合もたくさんあったはずだ。

名将が経験してきたであろう、いくつもの〝油断〟。どれほど細心の注意を払ったとしても、人間のやっていることに〝完全〟はない。ほころびは、必ずどこかに生じるものである。人間ならばだれもが持っているそんなほころびが、甲子園では〝油断〟となって表れてしまうのかもしれない。

試合の中で生まれる、様々な〝油断〟。人間味あふれる〝油断〟という隙が、きっとこれからも甲子園でいくつもの逆転劇となって表れるに違いない。そして、私たちはそんな人間味にあふれ、全力で戦う高校生たちの姿に、きっと感動するのである。

特別章

# 智辯和歌山
# 吉本英治 吹奏楽部元顧問

智辯和歌山の名物応援曲『ジョックロック』は
いかにして生まれ、いかにして「逆転の魔曲」へと
育っていったのか

文／萩原晴一郎

## 相手を脅かし大逆転を呼ぶ〝魔曲〟ジョックロック

高校野球ファンの間では、すっかりおなじみの存在となった智辯和歌山の応援曲『ジョックロック』。短い間隔の単調なフレーズを繰り返しながら、甲子園を不穏な空気で包み込むこの応援曲は、智辯和歌山のオリジナルの応援曲として2000年夏に甲子園で初めて演奏されたものである。

この大会で智辯和歌山は2度目の全国制覇を成し遂げるのだが、当初『ジョックロック』は魔曲でもなんでもなく、吹奏楽部の数あるレパートリーの中の一曲に過ぎなかった。

だが、勝ち進むにつれて得点シーンや逆転シーンで使われることが多くなり、高校野球ファンの間で「『ジョックロック』が流れると、智辯和歌山が逆転勝ちする」と噂され始め、いつしか〝魔曲〟と呼ばれるまでの存在になった。

智辯和歌山の髙嶋監督は「いつも聞きなれた音楽が流れてくるわけですからね。

うちらにとったら安心できる曲だけど、相手には脅威なんでしょうね。必ず勝負所で聞こえてきますからね」とその〝魔曲〟ぶりを評価する。

〝魔曲〟の効果は他校の監督も認めている。本書に登場する元拓大紅陵の小枝守監督（現侍ジャパンU－18代表監督）は、「オリジナルの応援曲を持っている学校は強いと思う」と述べている。どこかの学校から借りてきた曲ではなく、自分たちの作ったオリジナル曲であるということが、チームとスタンドの一体感を生むのではないか。そう小枝監督は考えているという。

味方からも敵からも高い評価を受ける『ジョックロック』。いくつもの智辯和歌山の逆転勝ちに貢献してきた『ジョックロック』を作り出した人こそ、当時、智辯和歌山の吹奏楽部の顧問を務めていた吉本英治先生（現在は顧問を退き、教頭を務めている）である。

吉本先生が智辯和歌山にやって来たのは、開校2年目の1979年。その1年後に、髙嶋監督が奈良の智辯学園から和歌山校に転任してきた。

開校当初の野球部はとても弱かったそうだ。当時を吉本先生が振り返る。

「その頃の野球部は弱くてですね。コールド負けも当たり前。応援している我々は1点入っただけでお祭り騒ぎ、そんな時代でした。ただ、髙嶋監督の練習は本当に厳しかったですよ（笑）」

そんな弱小だった野球部も髙嶋監督の指導で着実に力を付け、1985年春のセンバツでついに念願の甲子園初出場を果たす。吉本先生率いる吹奏楽部の演奏も、野球部が強くなるのに比例して年々熱を増していった。

だが、甲子園に出られるようになっても、そこで勝てない。甲子園初出場から5回連続で智辯和歌山は甲子園1回戦負けを喫する。

「甲子園の応援には日帰りで行くんですけどね。一度、バスで甲子園に向かっている最中に試合が雨で中止になったことがありました。そしたら生徒たちが『やったー。もう一回甲子園に来れる』って喜びましてね（笑）。そのくらい、いつも1回戦負けでした」

その後、智辯和歌山は1993年夏に甲子園で初勝利を挙げ、続く1994年春には初の全国制覇を成し遂げる。以降、智辯和歌山は無類の勝負強さを発揮し、〝名門〟と呼ばれるまでに成長する。そしてそんな野球部を常にバックアップしてきたのが、吹奏楽部だった。

## 魔曲はこうして生まれた

〝魔曲〟は智辯和歌山が甲子園の常連となり、常に優勝候補と目されるようになった2000年に誕生した。

その頃の吉本先生は、智辯和歌山が甲子園に出るたびに新たな応援曲を作っていたそうだ。これはとある応援団員と「甲子園に出るたびに新曲を作る」と約束したからなのだが、智辯和歌山が頻繁に甲子園に出場するようになると、とても手が回らなくなってしまったという。

「夏の大会は県予選決勝から甲子園まで、わずか10日程度しかないですよね。応援の練習もしなくちゃいけないから、本当に1~2日で新曲を考えないといけないわけです。甲子園に出るのがたまにならいいんですけど、うちの野球部は当時、毎回のように甲子園に出てましたから、本当にきつくなってきまして（笑）。吹奏楽部員に『新曲作ってくれ』とお願いしたこともあります」

当時の吉本先生は、テレビや街中で流れる曲などを常にチェックし、「何かいい曲はないか?」とアンテナを張り巡らせていた。

応援曲の元となる曲を選ぶ上で、吉本先生にはひとつだけこだわりがあった。それは「〝歌謡曲〟は使わない」ということだった。

「何か流行りの歌謡曲とか使うのは安直じゃないですか。ドラマの主題歌とか。だからそれだけは嫌だったんですよね。しかもそういう曲を使うと「あ、去年の曲だね」とか「〇年前に流行った曲だね」ってなっちゃうじゃないですか。流行り廃りに囚われるのも何か嫌ですしね。だからどうしても〝歌のない曲〟のほうに気が行くんですよ」

そんな応援曲探しの中で見つけた一曲が『ジョックロック』だった。その出会いを吉本先生はこう振り返る。

「デスクトップミュージックといいまして、今はパソコンを使って作曲とかするわけです。で、私はヤマハの作曲ソフトを使っていたんですけど、その中にデモ曲がいくつか入ってまして、そのうちのひとつが『ジョックロック』だったんです。原曲はもっとスローなテンポなんですけど、聞いてて『あ、これ、応援曲にいいかも』と思ってアレンジしてみたんです」

そして2000年夏、智辯和歌山が2度目の全国制覇を成し遂げた大会で、『ジョックロック』はついにデビューを果たす。

## 魔曲の魔曲たる所以

当然のことながら『ジョックロック』を採用した当初は、だれもこれが逆転劇を呼ぶような重要な曲になるとは思っていなかった。

吹奏楽部はその試合毎に「1回はこの曲、2回はこの曲」とイニングごとに演奏する応援曲を決めていた。今でこそ終盤にしか登場しない『ジョックロック』だが、2000年大会の序盤は他の曲と同様、いろんなイニングに使われていたという。

吉本先生に伺ったところ、智辯和歌山のパターンして、1回は『アフリカン・シンフォニー』を演奏することが多いそうだ。今では全国のいろんな学校がこの『アフリカン・シンフォニー』を演奏しているが、実はこの曲も吉本先生が智辯和歌山で応援曲用にアレンジしたもので、それが徐々に全国に広まっていったのだ。

2000年の大会で2回戦、3回戦と勝ち進んでいくうちに『ジョックロック』をたまたま終盤に使ったらそれがうまくはまった。以降、この曲は終盤の応援曲として使われるようになるのだが、吉本先生が一番鮮明に覚えているのは準々決勝の柳川戦だという。

「柳川のエースだった香月（良太、後にオリックス・バファローズなどでプレー）投手はあの大会でNO・1ピッチャーとして注目されてたんです。その好投手をうちが攻略して逆転勝ちしたんです。あのときは終盤、『ジョックロック』を演奏しまくってましたね」

吉本先生が言うように、智辯和歌山は柳川の香月投手を終盤に攻め立て、2本のホームランで4点差を追いつき同点とし、11回に見事サヨナラ勝ちを収める。ゲーム終盤、吉本先生率いる吹奏楽部は『ジョックロック』を甲子園に鳴り響かせ、大逆転劇を演出したのだ。

それ以降、『ジョックロック』がかかると「何か起こるんじゃないか」という期待感がどんどん増していった。その結果、『ジョックロック』は他校からも恐れられるようになり、いつしか〝魔曲〟と呼ばれるようになっていったという。

「だれが付けたか知りませんけど、いつの間にか〝魔曲〟と呼ばれていて、最初聞いたときは『えっ⁉　魔曲⁉　何それ⁉』って驚きましたよ（笑）」

吉本先生がすごいのは、〝魔曲〟を選んだセンスだけではない。吹奏楽部顧問を務めていた当時、吉本先生は自らも生徒たちと一緒になって演奏（トランペット）していた。その熱意が〝魔曲〟を育てたといってもいいかもしれない。

「真夏のスタンドは照り返しもあって本当に暑いんですよ。で、1イニング盛り上がってトランペットを吹きまくってると、マンガみたいですけど途中で本当に〝星〟が飛ぶんです（笑）。何度『倒れるんちゃうか』と思ったことか。スタンドでトランペットを吹いてたとき、手の甲の一点にトランペットに反射した太陽光が集まって、やけどみたいな状態になったこともあります。終わってから気づいたんですけどね（笑）」

『ジョックロック』が世間に認知され〝魔曲〟として広まっていくと、その効果をさらに高めるために吉本先生は『ジョックロック』を演奏するタイミングを「8回以降、ランナーがスコアリングポジション（2塁）に進んでから」に限定する。

「『ジョックロック』をかければ何かが起きる。ナインが何かをしてくれる。そんな効果を期待して、演奏するタイミングを限定したんです。終盤ならどこでもやるっていうよりは〝ここぞ〟というタイミングでね。大逆転劇が起きた2006年夏の帝京戦も『ジョックロック』を8回から演奏したように記憶しています」

2006年当時、智辯和歌山のキャプテンを務めていた古宮克人選手は現在、母校の野球部部長を務めている。古宮部長にも『ジョックロック』について話を伺ってみた。

「正直に言えば、グラウンドにいる選手たちはそれほど意識してないんです。試合に集中してますからね。ただみなさんあまりご存じじゃないですけど、『ジョックロック』の応援団の振り付けってすごく激しいんですよ。1イニングずっと『ジョックロック』だったら、本当にヘトヘトだって応援団の人たちが言ってました。だから応援団もチアも本当に大変だと思います」

吉本先生に『ジョックロック』の持つ、相手を威圧するような独特の雰囲気はどこから来るのか聞いてみた。

「『ジョックロック』は短いフレーズの繰り返しが多く単調で、なおかつ不協和音の連続ですからね。相手を不安な気持ちにさせる効果はあるかもしれませんね。最初はそんな効果を狙って作ったわけではありませんが、結果として〝魔曲〟になりました。『ジョックロック』は低音からじわじわっと始まっていくんです。そうすると応援する生徒たちも、ノリが良くなって盛り上がるんですよね。そんな応援席全体の雰囲気も、相手を威圧する要因になっているのかもしれません」

## 『ジョックロック』の後継魔曲は現れるのか

ちなみに智辯和歌山の応援団とチアは県予選の直前に結成される。応援団は選考会によって団員が選ばれ、チアは応募・抽選によって選ばれる。いってみれば即席の応援団&チアだが、吉本先生は「自主的に集まった集団なので、熱意がすごいんですよ。応援団員、あるいはチアになりたいからと智辯和歌山に入学してくる生徒もたくさんいますから」と言う。

期間限定の応援団&チアなだけに、短期集中で生徒たちはがんばり、その分一致団結力も高まる。

「応援団に入ると、生徒も人が変わったようになるんですよね。それまでは挨拶も小さな声だった生徒が『おはようございます！』って見違えるように元気になったりね。応援団は短期間で人を成長させてくれる面もありますよね」

今では吹奏楽部顧問を退き、教頭となった吉本先生。そろそろ『ジョックロック』に続く新たな応援曲を作ってほしいところだが「いやいや、それは新しい顧問に任せていますから」と笑う。

新顧問となった吹奏楽部が新たに応援曲として取り入れ、評判となっているのが『シロクマ』（JABBERLOOP〈ジャバループ〉というクラブジャズ・バンドの曲）である。

「これは当時の部員が気に入って、顧問に『どうですか?』って提案してきて、ノリがいいんで採用したみたいですけどね。これが新たな魔曲として育ってくれればいいなと思っています」

『シロクマ』が『ジョックロック』に続く新たな〝魔曲〟となるのか。

智辯和歌山が甲子園に出場した暁には、選手たちのプレーだけでなく、アルプススタンドから流れてくる応援曲にもぜひ注目していただきたい。

# おわりに

かつて「大逆転劇」を演じてきた名将たちに共通して言えることは、野球人である前に教育者であるということだ。

私が話を聞いた3人の監督には、これまでに何度も取材させてもらった。そのたびに「また話を聞かせていただきたい」と、その人間的な魅力に心を摑まれる。こんな授業だったら飽きない、自分の高校時代にその言葉を聞きたかったという名言、エピソードがどんどん出てくる。

渡辺元智元横浜高校監督からは、グラウンド外での逸話に驚かされる。肘をケガしてしまった選手のために、自分が知っている数ある病院の中から、どこがもっとも適しているのかを一生懸命に探す。そして一緒に病院の診察室へ入る。治療費も監督が出す。リハビリの方法も考えて、ともに励ましながら汗を流してきた。

２００４年、ロッテに入団した横浜高の成瀬善久投手が地元・栃木から入学してきたときのこと。当時、左腕はメガネをかけており、どちらかというと性格の暗いイメージだった。それを見た渡辺監督はもっと前を向いて生活してほしいと、一緒にコンタクトレンズを作りに行ったこともあった。成瀬はエースとなり、センバツ準V左腕になった。

永田裕治元報徳学園監督は、今回の取材でもっともスケジュール調整が難しかった。監督を終えても多忙だからだ。本文でも触れたが、永田監督は3年生の進路決めに全国を駆け回っている。大学、社会人チームへ挨拶をしに行き、頭を下げている。生徒たちの夢をアシストしている。グラウンドでは厳しい監督だが、毎年いつも1月には多くのOBたちが集まるほど人望は厚い。高校時代はたとえ憎んでいようとも、永田監督の厳しさが社会に出てから生きているという言葉を、卒業した教え子たちからもらうことも多い。

兵庫・西宮市内にある立派なグラウンド。ネット裏の監督室に入る階段の脇には掲示板がある。そこには、野球部の卒業生たちの進路が記されている。名門大学から社会人の強豪チームまでズラリ。ゴールは甲子園出場だけではない。監督業は勇退したが、生徒を思う気持ちは今も変わらない。

現在、U-18の日本代表チームを指揮する小枝守監督の言葉は、たくさん心に響いた。これまで何度も取材を重ねていくうちに、私の心のメモに記されたものを紹介したい。

「『流行』という文字は、『流れて行く』と書く。周りに流されることなく、自分自身を持ちなさい。流されて行く人間になってはいけない」

「『人に生まれ、人と生き、人に生かされ、人を生かす』。人は母親から生まれたときからどんなときでも、人に支えてもらって生きている。それが理解できたときには、本当の『感謝』の意味がわかる」

「『鍛練は千日の行、勝負は一瞬の行』。試合での勝負は一瞬。その一瞬に勝つために毎日の練習、積み重ねが必要になってくる。勝ちたければ、練習をするしかない」

「『時間をかけた努力は、自力となり返ってくる』。土の下で眠る草花の芽を例に出し、一生懸命に伸びようとしていても、上に雪や土が覆いかぶさっていては伸びていかない。それが取り払われたときに、一気に伸びていく。そのときが来ることを信じて、底力をためなさい」

小枝監督は社会科、倫理の教師だったため、多くの書物や先人の言葉を学んできた。自身の経験と重ね合わせて、言葉を考えては部員に伝えている。卒業式の日には、このような格言を一筆したためて、教え子に渡す。本文でも触れたが、社会に出て行った今も、その言葉を胸に生きているOBも多い。

今回登場していただいた5人の名将たちは、それぞれが心と心のぶつかり合いで選手の特徴を知り、チームを編成してきた。そういう指導者だからこそ選手は信頼し、その安心感から「逆転」が生まれていくのだ。

名将として知られる和歌山・箕島高校の元監督、故・尾藤公氏はかつて「野球というのは人生の縮図だ」と言った。野球には1回から9回までの展開がある。そこに成功も失敗も、圧勝も大逆転だってある。

夏の甲子園は来年、記念すべき100回大会。回数を重ねた分だけ、そこにはドラマがあり、多くの名将、名選手たちも生まれてきた。これからも、人生の転機となる監督と選手との出会いが、数多く生まれていくことを期待したい。

石川遥輝

甲子園の名将が語る！
# なぜ大逆転は生まれるのか

2017年8月4日　初版第一刷発行

著者／石川遥輝、萩原晴一郎、松橋孝治

発行人／後藤明信
発行所／株式会社竹書房
〒102-0072　東京都千代田区飯田橋2-7-3
☎03-3264-1576（代表）
☎03-3234-6208（編集）
URL　http://www.takeshobo.co.jp

印刷所／共同印刷株式会社

カバー・本文デザイン／轡田昭彦＋坪井朋子

取材協力／渡辺元智（元横浜野球部監督）、髙嶋仁（智辯和歌山野球部監督）、小枝守（元日大三・拓大紅陵野球部監督）、和泉実（早稲田実業野球部監督）、永田裕治（元報徳学園野球部監督）、吉本英治（智辯和歌山教頭）、古宮克人（智辯和歌山野球部部長）

写真／日刊スポーツ（アフロ）、産経新聞社

編集人／鈴木誠

Printed in Japan 2017

乱丁・落丁の場合は当社までお問い合わせください。
定価はカバーに表示してあります。

ISBN978-4-8019-1153-6